長崎・天草の教会と巡礼地完全ガイド

カトリック長崎大司教区監修　長崎文献社編

†

長崎は日本のキリスト教の原点となる史跡が多い。
二十六聖人の殉教地から浦上教会までを懇切にガイドする。
これは長崎、天草の町歩きに欠かせない
必携のハンドブックである。

目次●INDEX

序 章 ——結城 了悟「長崎の教会誕生までの種まき」…… 4
——世界文化遺産「長崎と天草地方の潜伏キリシタン関連遺産」…… 6
——長崎の教会建築に貢献した人々 …… 8
◎あなたも教会にはいってみませんか …… 10

第1部 長崎･天草の教会へのいざない …… 11

◎第1章——長崎市とその周辺の教会群「フランス人神父たちの設計で始まった」…… 12
●国宝大浦天主堂 …… 14
●大浦教会 …… 17
●中町教会 …… 22
●馬込教会 …… 24
●出津教会 …… 26
●黒崎教会 …… 28
●稲佐／城山／西町教会 …… 30
●本原／木鉢／三ッ山教会 …… 32
●滑石／さくらの里聖家族／小ヶ倉／諫早教会 34
●小長井／香焼／高島教会 …… 36
●時津／長与教会 …… 38
●浦上教会 …… 18
●聖フィリッポ･デ･ヘスス教会 …… 23
●神ノ島教会 …… 25
●大野教会 …… 27
●飽ノ浦／岳／福田教会 …… 29
●本河内／東長崎／愛宕 …… 31
●深堀／善長谷／八幡町／大山教会 …… 33
●愛野／植松／水主町／湯江教会 …… 35
●大明寺／樫山／牧野教会 …… 37

◎第2章——島原、天草の教会群「海峡を挟む祈りの回廊」…… 39
●島原半島殉教者記念聖堂／雲仙教会 …… 40
●大江／崎津／本渡教会 …… 41

◎第3章——佐世保、平戸の教会群「レンガの壁が光る海辺の宝石」…… 42
●黒島教会 …… 44
●三浦町教会 …… 46
●鹿子前／船越／俵町／烏帽子教会 …… 48
●間瀬／神崎／褥崎／大加勢教会 …… 50
●田平教会 …… 52
●平戸ザビエル記念教会 …… 54
●紐差教会 …… 56
●古江／上神崎／中野／大佐志教会 …… 58
●平戸口／佐々／壱部教会 …… 60
●太田尾教会 …… 45
●浅子教会 …… 47
●大野／皆瀬／相浦／横浦教会 …… 49
●大崎／天神／早岐／川棚教会 …… 51
●宝亀教会 …… 53
●山野教会 …… 55
●山田教会 …… 57
●木ヶ津／西木場／御厨／福崎教会 …… 59

◎第4章——上五島の教会群「津々浦々に点在する教会」…… 62
●青砂ヶ浦教会 …… 64
●旧野首教会 …… 66
●鯛ノ浦教会 …… 68
●福見教会 …… 70
●中ノ浦教会 …… 72
●丸尾／仲知教会 …… 74
●青方／曽根／大水教会 …… 76
●高井旅／桐／若松大浦／真手ノ浦教会 … 78
●頭ヶ島教会 …… 65
●江袋教会 …… 67
●冷水教会 …… 69
●大曽教会 …… 71
●土井ノ浦教会 …… 73
●米山／赤波江／小値賀／跡次教会 …… 75
●小瀬良／船隠／佐野原／浜串教会 …… 77
●焼崎／猪ノ浦／有福／大平教会 …… 79
◎長崎の消えた教会 …… 80

◎第5章——下五島の教会群「木彫りの赤いツバキが柱や壁に輝く」…… 82
●堂崎天主堂 …… 84
●五輪教会 …… 86
●水ノ浦教会 …… 88
●貝津教会 …… 90
●福江／牢屋の窄／浦頭教会 …… 92
●南越／打折／繁敷／三井楽教会 …… 94
●江上教会 …… 85
●浜脇教会 …… 87
●楠原教会 …… 89
●嵯峨島教会 …… 91
●宮原／半泊／奈留教会 …… 93
●井持浦／玉ノ浦教会 …… 95

第2部 殉教者を偲ぶ巡礼地 …… 97

◎第6章——長崎巡礼・信徒発見コース「二十六聖人が殉教した西坂の丘から巡礼は始まる」 98
①西坂殉教地 …… 99
②サン・ジョアン・バプチスタ教会跡 ③中町教会 ④山のサンタ・マリア教会跡
⑤サント・ドミンゴ教会跡資料館 …… 101
⑥聖コルベ記念館 ⑦トードス・オス・サントス教会跡 …… 102
⑧サン・フランシスコ教会跡 ⑨サン・ティアゴ教会跡 ⑩高麗橋 ⑪ミゼリコルディア本部跡
⑫岬のサンタ・マリア教会跡 ⑬コルベ神父ゆかりの暖炉 ⑭信徒発見記念の碑 …… 103

◎第7章——長崎巡礼・平和祈念コース「浦上にひびくアンジェラスの鐘を聞きながら」 …… 104
①サンタ・クララ教会跡 ②ベアトス様の墓 ③如己堂 ④サン・フランシスコ・ザベリオ堂跡
⑤サンタ・マリア堂跡 ⑥サン・ヨゼフ堂跡 …… 105
⑦十字架山 ⑧マリアの山 ⑨赤城墓地 ⑩信仰復活の礎 ⑪原爆落下中心地公園 …… 106
⑫長崎原爆資料館 ⑬サン・ラザロ病院跡 ⑭坂本国際墓地 ⑮至福の丘・西坂殉教地 …… 107

◎第8章——長崎郊外巡礼「外海にド・ロ神父の足跡をたどる」 …… 108
①高鉾島殉教地 ②金鍔谷 ③桑姫の碑 ④難河原殉教地 ⑤帆場岳の拝み岩
⑥三ツ山教会殉教者顕彰の碑 ⑦千々石ミゲルの墓 …… 109
⑧ド・ロ神父記念館 …… 110
⑨樫山赤岳 ⑩枯松神社 ⑪バスチャン屋敷跡 ⑫次兵衛岩 ⑬中浦ジュリアン出生の地 …… 112
⑭横瀬浦教会跡 ⑮横瀬浦南蛮船来航の地 ⑯西彼町キリシタン墓碑 ⑰小干浦キリシタン殉教地
⑱鷹島殉教地 ⑲時津二十六聖人上陸地 ⑳ベルナルト長崎甚左衛門の墓 …… 113

◎第9章——大村湾巡礼「キリシタン大名終焉の地周辺に残る迫害の傷跡」 …… 114
①東彼杵二十六聖人乗船地 ②東彼杵キリシタン墓碑 ③十二社権現殉教地 ④今富キリシタン墓碑 …… 115
⑤仏谷キリシタン洞窟 ⑥田下キリシタン墓碑 ⑦大村純忠終焉の地 ⑧首塚跡 ⑨胴塚跡 ⑩放虎原殉教地 116
⑪獄門所跡 ⑫妻子別れの石 ⑬マリナ伊奈姫の墓 ⑭鈴田牢跡 ⑮コンスタンチノ・ドラード像 …… 117

◎第10章——平戸巡礼「ザビエル上陸から始まる布教ゆかりの地」 …… 118
①聖トマス西列聖記念碑 ②平戸市切支丹資料館 ③ザビエル記念碑 ④ペトロ・バプチスタ上陸記念碑
⑤焼罪 カミロ神父殉教地 ⑥黒島信仰復活の碑 …… 119

◎第11章——五島巡礼「聞いて天国、行ってみて地獄」 …… 120
①頭ヶ島・キリシタン墓地 ②鯛ノ浦殉教地 ③鯛ノ浦・ブレル神父遭難記念碑
④鯛ノ浦養育院 ⑤鯛ノ浦のルルド ⑥浜串港・希望の聖母像 …… 121
⑦若松島・キリシタン洞窟 ⑧久賀島・牢屋の窄殉教地
⑨堂崎教会・聖ヨハネ五島像 ⑩堂崎教会・出会いのレリーフ …… 122
⑪奥浦慈恵院 ⑫水ノ浦キリシタン牢跡 ⑬楠原の牢屋跡 ⑭姫島の信仰の礎
⑮三井楽・信仰の碑 ⑯淵の元のキリシタン墓地 ⑰井持浦教会のルルド …… 123

◎第12章——天草・島原半島巡礼「セミナリヨ栄光と暗黒の地獄絵」 …… 124
①千々石ミゲル記念碑 ②茂無田キリシタン墓碑 ③雲仙地獄殉教地 ④金山城跡
⑤まだれいな墓碑 ⑥島原の殉教地 …… 125
⑦島原城 ⑧今村刑場殉教地 ⑨キリシタン史跡公園
⑩有家セミナリヨ跡 ⑪西有家町キリシタン墓碑 ⑫有馬セミナリヨ …… 126
⑬原城跡 ⑭八良尾セミナリヨ跡 ⑮加津佐コレジヨ跡 ⑯口之津・南蛮船来航の地 ㉑有馬川殉教地 …… 127
⑰天草コレジヨ館 ⑱天草ロザリオ館 ⑲天草キリシタン館 ⑳南蛮寺跡 …… 128

付 録 ＜1＞教会・キリシタン用語の基礎知識 …… 130～133
＜2＞長崎・天草の全教会最新データ …… 134～143
＜3＞長崎におけるキリスト教史 …… 144～145

長崎の教会 誕生までの種まき

長崎の教会を訪ねる前に 歴史と文化の背景を知っておこう

日本二十六聖人記念館初代館長　結城 了悟

※聖フランシスコ・ザビエル像〈神戸市立博物館蔵〉

◆フランシスコ・ザビエルの種まき

現在の長崎教区の地に、最初にキリスト教の種をまいたのは、いうまでもなく聖フランシスコ・ザビエルである。1550年8月末ごろ、ザビエルは鹿児島から平戸に来て布教をはじめ、数人に洗礼を授けた。その後、信者の共同体はコスメ・デ・トーレス神父に任せた。つづいてバルタザル・ガゴ神父、ガスパル・ヴィレラ神父、イルマン（伝道師）のルイス・デ・アルメイダらが、教会を育て、洗礼を受けた籠手田家が教会の柱となって日本最初の平戸の教会が生まれた。この教会は、消えることなく今日まで存続している。

アルメイダはトーレス神父とともに布教の地を横瀬浦、島原、口之津と広めた。1562年には領主大村純忠が横瀬浦の教会で洗礼を受け、日本初のキリシタン大名となった。その翌年には横瀬浦は破壊されたため、トーレス神父は口之津に移る。1565年には五島の布教がアルメイダ、ロレンソの2人のイルマンによって始まり、福江と奥浦に教会が建てられた。

1567年にはアルメイダが長崎に入り、大村純忠の家臣で信者の長崎甚左衛門から土地と寺を提供されて布教をはじめる。1569年、長崎ではじめての教会である「諸聖人にささげる教会（トードス・オス・サントス）」が完成して、1570年の春には「小さくて美しい」その教会にトーレス神父も移り住んだ。こうしてザビエルの平戸布教から20年にして、長崎各地いたるところで布教が行われるようになった。

◆長崎開港と岬の教会

1570年、大村純忠は、長崎の港を貿易港として開くことを決め、1571年には家老の朝長対馬に最初の6町を作らせ、長崎を開港した。港に突き出た岬（現県庁所在地）にはフィゲイレド神父が小さな教会を建てた。この「被昇天の聖母の教会」は次第に大きくなり、日本の教会の中心となるまでに発展する。1580年、大村純忠が長崎の内町と呼ばれる地域と茂木をイエズス会に寄進すると、長崎は教会とともに発展する。1583年、興善町に本部をおくミゼリコルディアの組ができる。

1584年にはもう一人のキリシタン大名有馬晴信が、自分の支配下の浦上をイエズス会に寄進すると、浦上にキリシタンが増えた。岬の教会は手狭になったので増改築が進められ、途中で豊臣秀吉の禁教令によって閉鎖されるが1590年に完成する。しかし、2年後に秀吉の命令によって取り壊され、その1年後、ふたたび許されて建てなおされる。傍らにはイエズス会本部ができあがり、1596年には日本の司教ドン・ペドロ・マルティネス司教を迎え、一時は司教座であった。1592年には上町にサン・ラザロ病院が建てられミゼリコルディアの組がその経営にあたっていた。おなじころ、浦上の入り口に、もうひとつのサン・ラザロ病院が建てられるが、これらの病院には付属の小聖堂があった。

長崎の教会は1597年2月5日、26聖人の証を見た。殉教者たちが尊い血を流した西坂の丘は、その時以来、「聖なる山」または「殉教の丘」と呼ばれるようになり、長崎で最初の公園となった。26聖人の殉教は長崎の教会の滅びではなく、新しい発展の起点であった。1598年、秀吉は亡くなり、新しい司教セルケイラとヴァリニャーノ神父が長崎に赴任してくると、岬の教会の側には司教館や大神学校が建てられ、教会の改築が行われる。1601年、その教会の献堂式がセルケイラ司教の司式によって行われる。このころ、大村と有馬にも立派な教会が建てられる。

◆長崎教会の黄金時代

1601年から1614年までの13年間は、長崎の教会の黄金時代である。この間に日本人の7人の教区司祭が誕生(叙階)し、教会も建てられた。山のサンタ・マリア教会、サン・ジョアン・バプチスタ教会(現本蓮寺)、サン・アントニオ教会(本大工町)、サン・ペドロ教会(今町)が1607年までに建てられた。2年後1609年には高麗人のためにサン・ロレンソ教会が建てられている。その場所は高麗町(現鍛冶屋町)にあったと考えられている。ほかの修道会も長崎に教会を建てる。1609年にはドミニコ会がサント・ドミンゴ教会(現桜町小学校)を、1611年にはフランシスコ会がサン・フランシスコ教会をクルス町(現桜町)に、そして本古川町にはサン・アウグスチノ教会が建てられる。

立山のサンタ・マリア小聖堂には市民が集い、浦上川の岸辺のサンタ・クララ小聖堂はとくに船員に親しまれていた。1606年、大村の宣教師たちが追放されたとき、この小聖堂は増築されて大村と浦上の教会になった。

このように長崎の町には教会が林立する時代であった。岬の教会にあるサン・パウロ学院は次第に発展して長崎の文化の中心になっていた。毎年のご聖体の行列は厳かに行われ、そのほかの祝日も長崎の年中行事として親しまれていた。

◆禁教の嵐が吹き荒れる

しかし、禁教の嵐はこの栄光を突然襲った。1612年、有馬の宣教師が追放になると、セミナリヨはトードス・オス・サントスに移され、しばらくは発展して増改築され、庭内には殉教者の納骨聖堂ができて巡礼地になった。1614年、徳川幕府が禁教令を発すると、全国の宣教師たちは長崎に集まってきた。金沢から追放された高山右近、内藤如安(別名徳庵)とその家族、さらに都の比丘尼たちも長崎に入ってきた。4月に神のあわれみを求める苦行の行列が行われたものの、11月には宣教師や信者がマカオやマニラに送られた。

長崎では教会の取り壊しが始まり、有馬、口之津では多数の殉教者が出た。1617年には大村で、1619年には長崎で殉教があった。サン・フランシスコ教会跡にはクルス牢ができて宣教師や信者が入れられ、西坂の丘まで引き連れていかれ、殉教した。1633年は長崎の教会にとって、とりわけ大きな殉教があった。その翌年から出島の造成が始まり、1636年に完成してポルトガル人が閉じ込められ、長崎の町からキリシタンの姿が消えてしまった。

◆潜伏の時代

1637年から38年にかけては島原の乱が起こり、有馬の教会は全滅した。潜伏した信者たちは浦上、西彼杵、平戸などの村々にのがれて信仰を守りつづけたが、時には崩れと呼ばれる弾圧があった。1657年には大村の郡崩れ、1790年には浦上一番崩れ、1839年には浦上二番崩れ、1856年には三番崩れ、そして1867年から1873年にかけては浦上四番崩れがあった。この最後の崩れのときには五島列島や大村領木場《こば》(三ツ山)などにも弾圧の手が伸びた。

このような殉教の地には現在は記念碑が建てられ、巡礼地として多くの信者が訪れている。主な殉教地はつぎのとおりである。長崎地区では西坂の丘、大村の放虎原《ほうこばる》、鈴田牢跡、雲仙の地獄、島原の今村、南有馬の原城、平戸の生月、田平町焼罪《やいざ》、西彼町の小干浦《こぼしうら》、そして五島久賀島の牢屋の窄《さこ》などなど。

こうした殉教者の証をみてきた長崎で、1865年3月17日、できあがったばかりの大浦天主堂でキリシタンが発見され、長崎は教会の新しい道を歩みはじめたのであった。

©koike

「日本二十六聖人記念碑」は長崎の西坂殉教地のシンボルである。(舟越保武氏作)

世界文化遺産登録の 12 の構成資産
「長崎と天草地方の潜伏キリシタン関連遺産」

2018年に世界文化遺産として登録された「長崎と天草地方の潜伏キリシタン関連遺産」は、禁教によって宣教師が不在の中で、信仰をつづけた潜伏キリシタンの営みを示す12の遺産群である。原城と大浦天主堂以外は、集落名で登録されているが、そのほとんどの集落に教会が存在している。教会は潜伏が終わり、信徒たちの喜びを示すシンボルとしての存在となっている。

①原城跡

キリシタンが潜伏を余儀なくされるきっかけとなった、島原・天草一揆の様子を垣間見ることのできる遺構が残されている。

②③平戸の聖地と集落

禁教初期にキリシタンが殉職した中江ノ島を聖地として崇めながら、キリスト教が伝来する以前から信仰のあった安満岳も併せて拝むことで、独自の信仰を実践していた春日集落とその一帯が登録遺産となっている。

④天草の﨑津集落

大黒天やアワビの貝殻などを信仰の道具として用いていた集落。かつて絵踏が行われた役人宅の跡地に﨑津教会がある。

⑤外海の出津集落

キリスト教由来の聖画像や仙人像をひそかに拝むことで信仰を実践していた集落。ド・ロ神父が建てた出津教会堂がある。

⑥外海の大野集落

神社の祭神のひとつとしてひそかにまつったキリシタンを拝み信仰を実践した集落。ド・ロ神父が建てた大野教会堂がある。

⑦黒島の集落

平戸藩の再開発地に移住したキリシタンが形成した集落。マルマン神父の設計により建てられたレンガ造りの黒島天主堂がある。

⑧野崎島の集落跡

沖ノ神嶋神社を擁する聖地に移住したキリシタンが形成した集落。洋風のレンガ造りでありながら屋根に瓦の葺かれた特徴的な外観の旧野首教会がある。

⑨頭ヶ島の集落

病人の療養地となっていた島に移住し潜伏を試みたキリシタンによる集落。外観と内観が対照的な印象を持つ頭ヶ島天主堂がある。

長崎県世界遺産課提供

❶原城跡 [南島原市]
❷平戸の聖地と集落（春日集落と安満岳）[平戸市]
❸平戸の聖地と集落（中江ノ島）[平戸市]
❹天草の﨑津集落 [天草市]
❺外海の出津集落 [長崎市]
❻外海の大野集落 [長崎市]
❼黒島の集落 [佐世保市]
❽野崎島の集落跡 [小値賀町]
❾頭ヶ島の集落 [新上五島町]
❿久賀島の集落 [五島市]
⓫奈留島の江上集落（江上天主堂とその周辺）[五島市]
⓬大浦天主堂 [長崎市]

⑩久賀島の集落

潜伏を行いながら島を開拓することで共同体の維持に努めた集落。島内初の教会堂を移築した旧五輪教会堂がひときわ存在感を放つ。

⑪奈留島の江上集落

仏教集落から離れた土地への移住によって形成された集落。木造高床式という在来技術と西洋的な外観が融合した江上天主堂がある。

⑫大浦天主堂

キリシタンたちの潜伏が終わりを迎えるきっかけとなった信徒発見の舞台。解禁後のカトリック復帰を促した象徴的な建造物である。国宝。

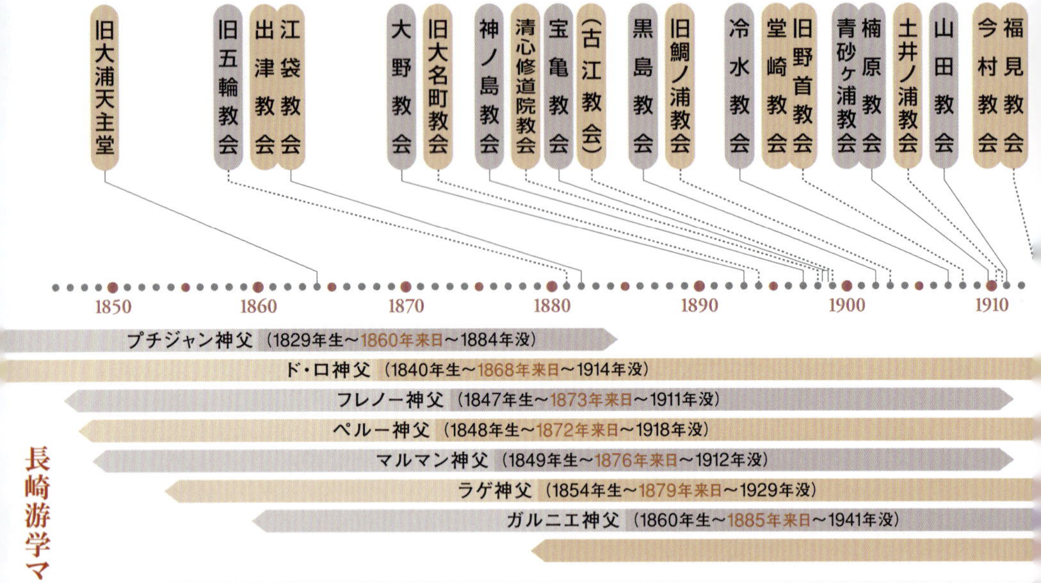

長崎の教会建築に貢献した人々

プチジャン神父 Petitjean, Bernard-Thadée

1829.6.14－1884.10.7

パリ外国宣教会所属。フランスのオータン司教区に生まれる。1852年オータン神学校を卒業。54年司祭叙階。60(万延元)年日本布教を命ぜられ、10月那覇に上陸。62(文久2)年11月横浜、63年7月長崎に移る。先に長崎に来ていたフューレ神父とともに大浦天主堂を建築。65(元治2)年2月19日天主堂の献堂式の後、3月17日に歴史的なキリシタンの復活を目撃、その指導と復帰に努力。67年7月浦上四番崩れが起こり、信徒の釈放のために奔走した。1884年長崎で死去。大浦天主堂に埋葬された。

ド・ロ神父 De Rotz, Marc

1840.3.27－1914.11.7

パリ外国宣教会所属。フランスのノルマンディのウォスロールの貴族の家に生まれる。1865年司祭叙階。68(明治元)年に来日、最初、印刷を担当した。79年長崎の外海地区に赴任。建築家としても卓越した技術を持ち、両親から相続した私財を投じて多くの建築を残している。代表的なものに出津教会と大野教会があり、いずれも長崎県文化財に指定されている。長崎の大浦で大司教館を建築中に足場から落下し、それがもとで1914年に亡くなった。出津の教会墓地に葬られている。

フレノー神父 Fraineau, Pierre-Théodore

1847.10.10－1911.1.24

パリ外国宣教会所属。フランスのラロシェーユ教区に生まれる。1873(明治6)年来日。長崎で浦上四番崩れ後の混乱の中にある信徒たちを世話し、その後77年からは五島に布教した。81(明治14)年から2年間、長崎公教神学校の校長を務め、その後大分と豊後地方の巡回宣教に従事。85年から4年間、再び五島で活動。88年から浦上教会主任司祭となり、典礼の充実と聖歌隊指導に力を入れた。95年自ら浦上天主堂の設計と建築監督に当たったが完成を見ずして帰天。

ペルー神父 Pelu, Albert-Charles-Arsène

1848.3.30－1918.3.4

パリ外国宣教会所属。フランスのサルテ県生まれ。1870(明治3)年司祭叙階後、72(明治5)年来日。新潟・神戸で司牧の後、長崎へ赴き75年長崎大浦神学校の責任者となる。82年浦上教会の主任司祭。88(明治21)年からは下五島地区を司牧し、95年旧井持浦教会堂、1908年には堂崎教会堂を建築している。特に堂崎教会の建築においては日本人大工の野原棟梁を指導したが、その下にいた鉄川与助が教会建築を学んだことが知られている。1918年長崎で帰天。赤城聖職者墓地に眠る。

長崎の教会建築に貢献した人々

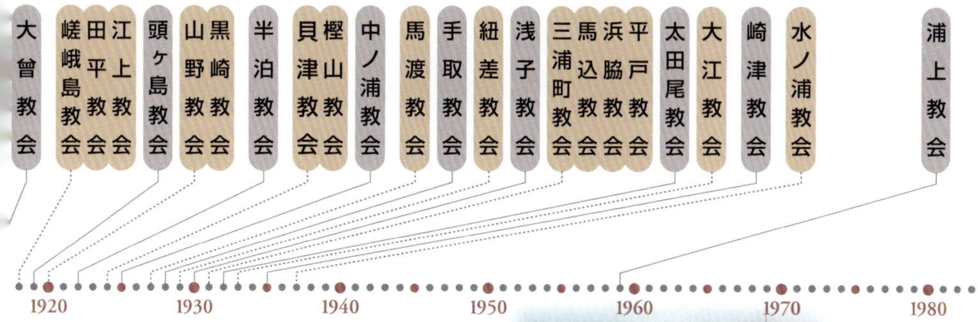

●1959（昭和34）年11月1日、完成の新浦上天主堂〈浦上天主堂写真集（カトリック浦上教会発行）より〉

鉄川与助（1879年生～1976年没）

マルマン神父 Marmand, Joseph-Ferdinand 1849.3.26－1912.8.23

パリ外国宣教会所属。フランスのペレ教区に生まれる。1876（明治9）年来日。80（明治13）年下五島地区の主任司祭に任命されて、82年堂崎に木造教会を建立。88年伊王島に転任。90年馬込に白亜のゴシック風木造の聖ミカエル天主堂を設計建立した。97年佐世保港外の黒島教会の主任司祭として着任。1900年から2年の歳月をかけて、ロマネスク風レンガ造りの現黒島天主堂を完成、本格的天主堂建築をこの地に残した。黒島の墓地に葬られている。

ラゲ神父 Raguet, Émile 1854.10.24－－1929.11.3

パリ外国宣教会所属。ベルギーのブレーヌ・ル・コントに生まれる。1879（明治12）年、司祭となり来日。81年より黒島、平戸、馬渡（まだら）などの島々で、87年には福岡で宣教。91年宮崎教会設立、96年鹿児島主任司祭となり、翌年5月24日同地に石造りの聖堂を建築、献堂式を挙げている。11年2月長崎浦上教会主任司祭に命ぜられ、急逝したフレノー神父の業を継いで14（大正3）年3月18日壮大な浦上天主堂を完成している。東京府中カトリック墓地に埋葬されている。

ガルニエ神父 Garnier, Louis-Frédéric 1860.11.20－1941.1.19

パリ外国宣教会所属。フランスのポート・ロアールに生まれる。パリ大神学校を卒業後、司祭叙階。1885（明治18）年来日し、京都と長崎で布教活動。天草の地に任命され、大江の主任司祭として50年間にわたり、大江と崎津の信者を司牧した。そのころ大江を訪れた北原白秋、吉井勇らにより、「パテルさま」として紀行文学『五足の靴』に紹介されている。1933年（昭和8年）、私財を投じて大江天主堂を完成。同地で帰天、天主堂の傍らに葬られている。

鉄川与助 Yosuke Tetsukawa 1879.1.13－1976.7.5

上五島丸尾に代々宮大工の家系に生まれる。1901年、新魚目町の旧曽根教会の建築の時ペルー神父と出会い、教会建築の基本、リブヴォールト天井の工法と幾何学を学ぶ。以後、初めて設計施工から手がけた冷水教会（1907）をスタートに、国の重要文化財に指定された青砂ヶ浦教会、頭ヶ島教会、県の重要文化財である旧野首教会、江上教会など、引退までの約50余年の間、50棟ほどの教会の新築、増改築に関わっている。彼自身は生涯熱心な仏教徒であった。

●データ提供：智書房

あなたも教会にはいってみませんか

が、 その前に！	カトリックを信じている人たちにとって、教会は生きている祈りのための大切な建物なのです。教会の中で祈っている人がいたらそれを邪魔しないように静かに拝観してください。また、中でミサや結婚式、葬式などの儀式をしているときは入るのを遠慮してください。
門は開いて います！	管理上閉まっている教会もありますが、原則として開かれています。大きな教会にはドアが3つあるところがあります。正面ドアは特別なときにしか利用されません。左右のドアからお入りください。入るときは静粛に脱帽が原則です。下足禁止の表示があるときはそれに従ってください。服装は祈りの場にふさわしいもの（普通の服装で差し支えありませんが、極端に短いスカートやノースリーブ、透けて見えるものはさけましょう）を着用しましょう。
中では！	まず、大きな感動を受けます。それが何かは一人一人あとでゆっくりと思い出してください。お祈り用のいす・机に聖書・聖歌集・祈祷書などの書籍、座布団、スリッパなどがおいてあります。これらはすべてお祈りに来る信徒個人のものです。触らないでください。祭壇に向かって進むと1段高くなっているところがあります。そこから先は内陣といって原則として聖職者以外は入ることができません。飲食はご遠慮ください。
静かに座って みませんか！	正面にキリスト像、祭壇など一つ一つの教会に特色があります。内陣には小さな赤い明かりがどこかにあります。これは「聖体」が安置されていることを示しています。「聖体」とは何か考えてみてください。教会の両サイドの壁や窓わくのところには「十字架の道行き」があります。油絵、版画…。種類はさまざまですが、キリストの十字架への道を説明しているものです。教会は「お祈り」の場です。「祈り」とは何でしょうか？ なぜ、このような立派な教会を建てたのでしょうか？ いっぱいいっぱい「？」を見つけてください。
写真は…	感動するとカメラにおさめたいと誰でも思います。でも本当は心に感動を受けてほしいのです。その上で、他人に迷惑をかけなければ撮影もきっとキリストは目をつぶってくれるはずです。ただ、撮影禁止の表示がある場合は絶対にとらないでください。
帰るときに！	まちがっても教会の鐘は鳴らさないでください。鐘の音は宗教上の大切な合図なのです。そとからもう一度振り返って、教会正面を観てください。そして入る前と今では何か変わっていませんか。
何かお礼を したいときは！	貧しい国の子供や平和のために何か少しでも献金したいときは、教会内の献金（賽銭）箱においれください。

第1部

長崎・天草の教会へのいざない

「天主堂」と呼ばれていた時代の教会は、
風雪に耐えて残った建物が多い。
迫害を乗り越えて復活した信徒の歓びが
そこには表現されている。
異教徒にも胸をうつ悲劇のドラマが
それぞれの教会の壁からひびいてくる。
祈りの部屋としての教会がいま
ひとびとに心を開きはじめた。
信者でないあなたも「ルール」を守って
いちど訪れてみることをお勧めする。

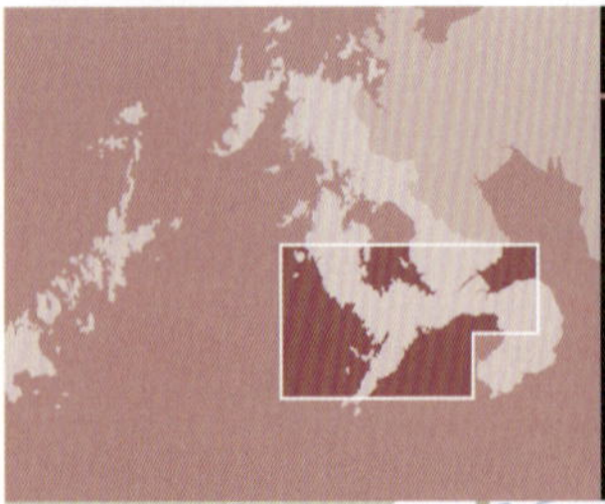

第1章

長崎市とその周辺の教会群

**その歴史はフランス人神父たちの設計で始まった。
長い迫害の歴史のなかを生きのびた信徒の
祈りの場がつぎつぎに生まれて**

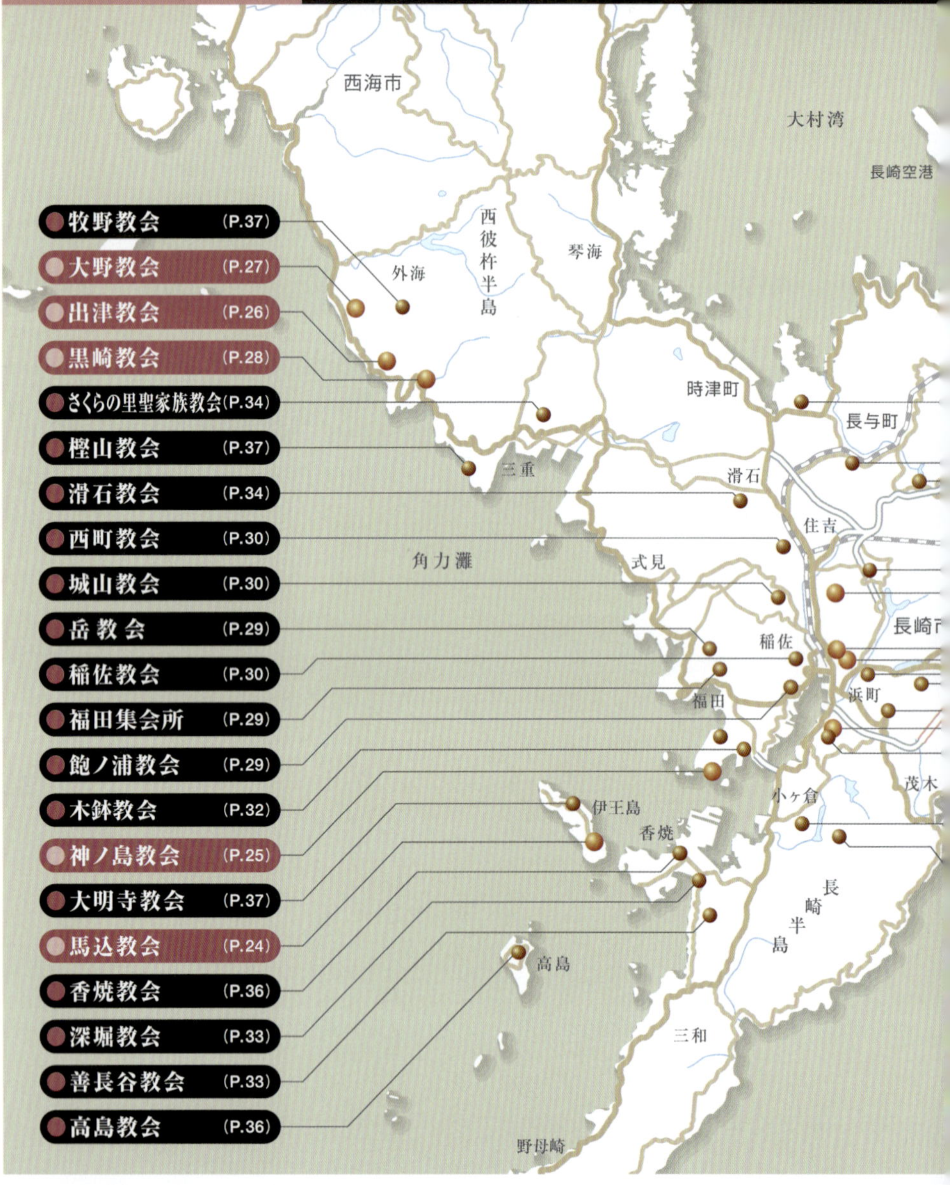

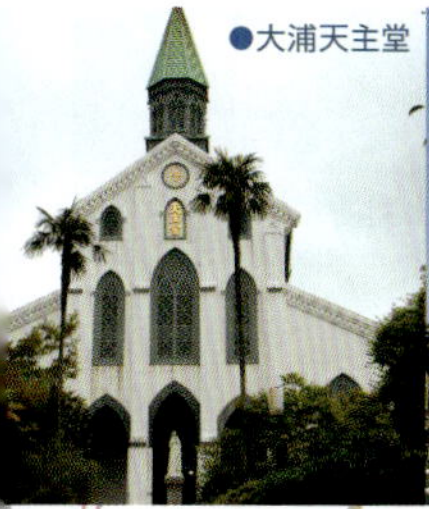
大浦天主堂

浦上教会

聖フィリッポ・デ・ヘスス教会

中町教会

大村市
高来
諫早市
森山
愛野
雲仙市
飯盛
橘湾
小長井教会 (P.36)
植松教会 (P.35)
湯江教会 (P.35)
水主町教会 (P.35)
諫早教会 (P.34)
愛野教会 (P.35)
時津教会 (P.37)
長与教会 (P.38)
三ツ山教会 (P.32)
本原教会 (P.32)
浦上教会 (P.18)
東長崎教会 (P.31)
聖フィリッポ・デ・ヘスス教会 (P.23)
中町教会 (P.22)
八幡町教会 (P.33)
本河内教会 (P.31)
愛宕教会 (P.31)
大浦天主堂 (P.14)
大浦教会 (P.17)
小ヶ倉教会 (P.34)
大山教会 (P.33)
黒崎教会
出津教会
馬込教会
神ノ島教会

大浦天主堂

おおうら

世界文化遺産・国宝 昭和28（1953）年指定

教会の保護者：日本二十六聖人殉教者

建築データ
建物　煉瓦造平屋（創建堂は木造）
　　　525㎡
竣工　明治12（1879）年
　　　初代は元治元（1864）年
設計　フューレ神父、プチジャン神父
施工　小山秀之進、溝口市蔵ほか

●〒850-0931
長崎市南山手町5-3
Tel：095-823-2934

●電車・長崎バスで大浦天主堂・大浦天主堂下下車→徒歩５分
●拝観時間　8：30〜18：30
（年中無休）
●拝観料　大人 1,000 円
中高生 400 円
小学生 300 円

完成度の高い日本の教会建築の最高峰

国宝に指定された日本最古の教会

元治元（1864）年末に竣工し、明治12（1879）年に改築された南山手の大浦天主堂は、日本に残る最も古い教会建築として、昭和8（1933）年に、国宝に指定されたが、原爆で被害を受け、一時荒廃していた。しかし昭和26年に修理が行われ、昭和28（1953）年に改めて国宝に指定された。

日本人棟梁によって建てられた西洋建築

木造の初代大浦天主堂は、元治元（1864）年にフューレ神父の設計、天草出身の大工・小山秀之進の施工で建てられた。大風により一部破損し、また明治6年の切支丹高札撤去以降、信徒が急増したことから、初代天主堂を包み込んで四方を拡げた、煉瓦造りの大規模な増改築が行われ、明治12（1879）年、現在の大浦天主堂が完成している。この世紀の増改築は、当時、浦上随一の大工と言われた溝口市蔵、伊王島出身の大工棟梁・大渡伊勢吉、天草の大工棟梁・丸山佐吉らによって行われた。

この聖堂を祝別（神の特別な恵みを祈ること）したのは、初代大浦天主堂で「キリシタンの子孫」を発見したプチジャン神父である。

完成された聖なる空間

建物は、全体が煉瓦造りだが、外壁を漆喰等で覆い、煉瓦を表面に見せていない。内部は、初代の聖堂の三廊に、側廊が足された形になっているので、五廊式になっている。教会独特のこうもり傘のような骨格のリブ・ヴォールト天井と、側廊の上には、トリフォリウムという飾りの空間が取り付けられている。日本最古の教会でありながら、教会建築としては完成された形で、その後に建てられた数々の教会の目標となった教会である。

簡素ながらも、天に伸びる聖堂の姿は、階段を上る参拝者に聖なる空間への到達の期待を抱かせる。

天主堂とともに歴史を見てきた建物

天主堂の手前の煉瓦造りの建物は、初代天主堂より先に建てられ、後に外海の父と言われたド・ロ神父の設計で大正3（1914）に改築された「旧大司教館」である。

天主堂横の建物は「旧羅典神学校」。禁教令廃止後、明治8（1875）年にプチジャン神父によって設立され、大正14（1925）年、浦上神学校ができるまで神学校の校舎兼宿舎として使用された。設計・監督は、これもド・ロ神父。木造にもかかわらず、100年以上たった今もなお古びることなく残る。ド・ロ神父の建築技術の高さを証明するもので、昭和47（1972）年、国の重要文化財に指定された。現在は、キリシタン資料館として、一般公開されている。

©misawa

手前右下が旧大司教館、天主堂の隣に重文・旧羅典神学校がある

©inu

プチジャン神父（のち司教）は、大浦天主堂祭壇横の壁に墓碑があり、その下に今も眠る

「リブ・ヴォールト天井」といわれるこうもり傘のような形が美しい

©misawa

初代大浦天主堂はこうして建てられた

初代大浦天主堂の姿　上野彦馬撮影

©hisa

信徒発見記念碑

代牧とはー

教皇代理の資格を持つ特使。布教地の教会が十分に成長していなかったとき、教会の責任者として、任命された。現在は、使徒座代理区長という。

歴史の１ページをめくった舞台の建設

鎖国が終わって安政6(1859)年、日本代牧として江戸に入ったパリ外国宣教会のジラール神父は、聖地「長崎」での布教と「日本二十六殉教者聖堂」の建設のために、沖縄に待機中のフューレ神父とプチジャン神父を日本に入国させた。

文久3(1863)年、長崎大浦に外国人居留地ができると居留地付属の天主堂を作るため、二人の神父は長崎にきた。フューレ神父がまず司祭館の設計・建設に着手し、聖堂の設計も並行して進めたが、すぐにフランスに帰国した。

残ったプチジャン神父が、聖堂の建設と日本人への布教策を練っていった。

しかし、この時期はまだ、日本人に信教の自由はなく、聖堂の建設も居留地在留外国人のためにのみ認められたものだった。工事を請け負った天草や長崎の伊王島、浦上村、外海村などのキリシタンゆかりの土地の大工たちにとって、たとえ外国人のためのものとはいえ、教会の建築工事に参加することは、相当の覚悟がなければできることではなかった。

「フランス寺」の奇跡

天主堂は元治元年(1864年12月29日)にようやく完成し、翌元治2年(1865年2月19日)、江戸から駆けつけたジラール日本代牧によって献堂式が挙げられ、「二十六人の殉教者」に捧げられた。

建物を見物に訪れた多くの長崎の人々は、木造教会の美しさに賛辞を贈り、「フランス寺」と呼んだ。八角形の尖塔を頂き、漆喰を格子状に盛り上げたナマコ壁の外壁や、バラ窓、三つの尖頭の金色の十字架などをもつゴシック様式であった。

そして1ヵ月後、その見物人の中から、長い沈黙を破って「キリシタンの子孫」たちが、プチジャン神父の前に現れたのだった。

時を越えて生きる初代

初代天主堂は、現在の大浦天主堂に包み込まれた状態なので、写真や版画などでしか、その姿をしのぶことはできない。しかし、天主堂の中には、信徒発見を導いた聖母マリア像が幼きイエズスとともに脇祭壇に佇み、天主堂の裏の鐘楼には、同じ時を経て、今も現役の鐘が時を告げている。

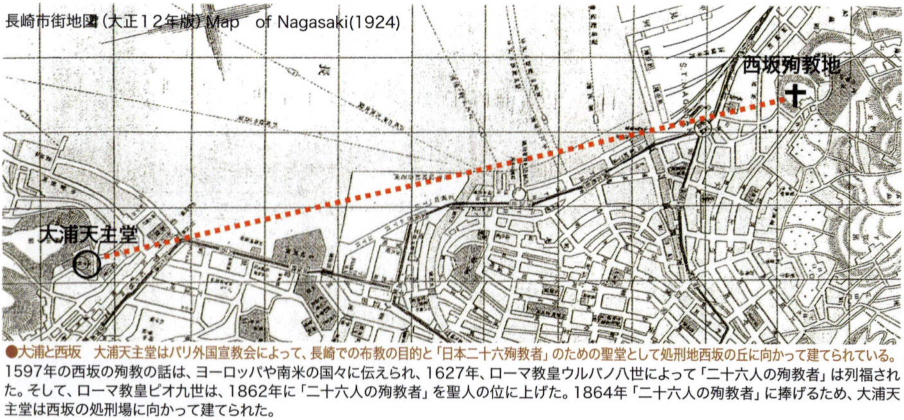

●大浦と西坂　大浦天主堂はパリ外国宣教会によって、長崎での布教の目的と「日本二十六殉教者」のための聖堂として処刑地西坂の丘に向かって建てられている。1597年の西坂の殉教の話は、ヨーロッパや南米の国々に伝えられ、1627年、ローマ教皇ウルバノ八世によって「二十六人の殉教者」は列福された。そして、ローマ教皇ピオ九世は、1862年に「二十六人の殉教者」を聖人の位に上げた。1864年「二十六人の殉教者」に捧げるため、大浦天主堂は西坂の処刑場に向かって建てられた。

「信徒発見」を伝えたプチジャン書簡

歴史的瞬間！

ついに「待ち人」が現れたときの驚きを、プチジャン神父は、ジラール日本代牧に書簡で送っている。

禁教令が解かれる前、もしかして存在するかも知れないキリシタンたちへの暗号のごとく、中国語でキリスト教の万物の創造主の聖堂を意味する「天主堂」の文字を記した建物をつくった直後のことである。

《昨日、12時半ごろ15名ほどの男女うち混ざった一団が、教会の門前に立っていました。ただの好奇心で来たものとは、何やら様子が違っています。私は急いで門をあけ、聖所の方に進んで行きますと見物人も後からついて参りました。

私がひざまずいてほんの一瞬祈ったと思うころ、40歳から50歳くらいの年ごろの婦人が一人、私の傍らに近づき、胸に手をあてて申しました。

『ここにおります私たちは皆、あなた様と同じ心でございます』

『本当ですか?どこの方です、あなた方は?』

『私たちは、浦上のものです。浦上のものは皆、私たちと同じ心を持っています』

こう答えて、同じ人がすぐに私に、

『サンタ・マリアのご像はどこ?』と尋ねました。

サンタ・マリア!　このめでたい御名を耳にして私は少しも疑いません。今私の前にいる人は、日本の昔のキリシタンの子孫に違いありません。》

引用：長崎の教会（カトリック長崎大司教区発行）

バスチャンの予言を信じて…

バスチャンという深堀出身の伝道師は、追放や殉教で宣教師たちがいなくなったあと、山奥などに潜伏しながら、キリシタンたちを指導してきた。彼は、処刑される寸前に、「7代後にはローマからパードレ（神父）がやってきて、信仰の自由が訪れる」という予言を残した。

キリシタンたちは、予言を信じて、密かに信仰を守り続けてきた。そして250年後、本当に黒船がやってきて、大浦にできた「フランス寺」にサンタ・マリア像が安置されているらしいという噂が伝わってきた。浦上の住人たちは、バスチャンの予言を確認するため、勇気をふりしぼって、大浦までやってきたのだった。

しかし、その後、慶応3（1867）年浦上四番崩れというキリシタン検挙事件が起こり、6年後、禁教令が解かれるまで、信徒たちは、日本の各地に流される「旅」に出るという嵐にのみこまれる。

聖母子像
浦上の信徒たちは、この像を見にきて、告白した。

©hisa

大浦《おおうら》教会

教会の保護者：聖ヨハネ五島

国宝大浦天主堂に多くの観光客が訪れるため、信徒たちの祈りの場所として、昭和50(1975)年11月、隣接地に新たに教会を建てた。

長崎観光の中心地として風致地区に指定されているため、周囲の建物との調和を考えて、赤レンガ風にし、地下1・2階は観光センター（土産品店・レストラン）と、1階が司祭館・各種ホール、2～3階を聖堂として使用している。

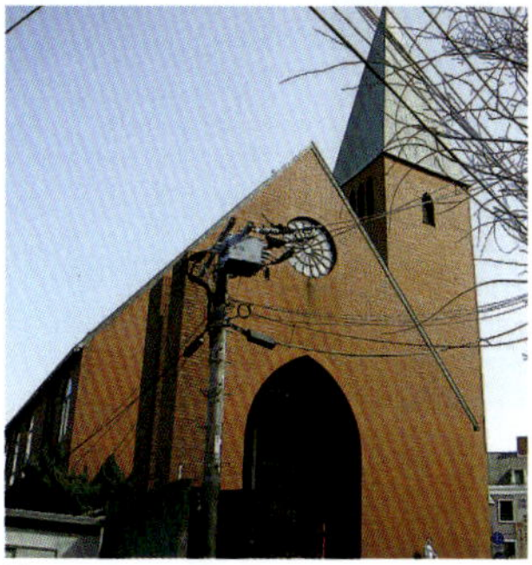

©inu

●〒850-0931
長崎市南山手町2-18
Tel：095-827-0623
Fax：095-829-1058

●電車・長崎バスで大浦天主堂下・グラバー園入口下車→徒歩5分
●拝観時間　常時可能

浦上教会（司教座聖堂）

うらかみ

教会の保護者：無原罪の聖母

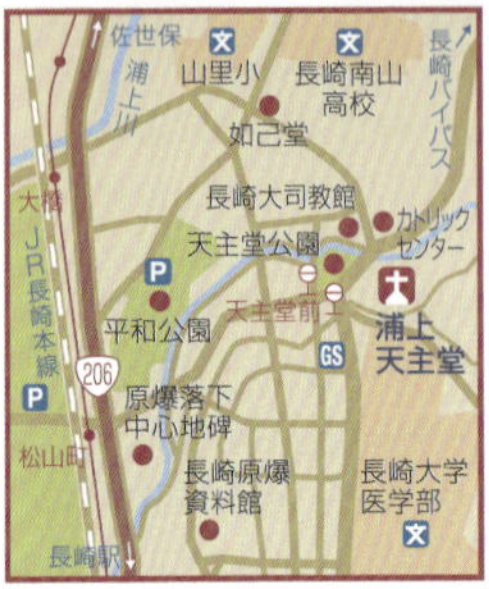

●〒852-8112
長崎市本尾町1-79
Tel：095-844-1777
Fax：095-844-6508

●県営バス（三つ山口行・三原循環他）
長崎バス（下大橋行8番）で
天主堂下・センター前・神学校前下車
→徒歩1分ほか
●拝観時間　9：00-17：00（月曜休館）
●http://www1.odn.ne.jp/uracathe/

©hisa

キリシタン迫害と原爆…、2つの受難の中心地

浦上は、250年もの間、多くのキリシタンが、迫害を受けながらも信仰を守り通した地区のひとつである。また、原爆という受難を受けた直下の地として、平和を考える上で決して忘れてはならない土地である。そして浦上教会は、その二つの事実を、如実に表現している建物なのである。現在の教会は、昭和55（1980）年、ローマ教皇ヨハネ・パウロ二世が来日する前年に改装工事が完成し、外壁に煉瓦タイルが貼られた聖堂で、原爆で倒壊してしまった旧浦上天主堂を彷彿とさせる美しい姿を甦らせている。

©hisa

信徒の信仰の場所であると共に、一般公開もされ、クリスマスの時などには、コンサートも開かれて、大勢の人が訪れる。

©hisa

浦上教会が建てられるまで

潜伏してキリシタン信仰を守り続けてきた浦上の信徒たちは、大浦天主堂のプチジャン神父の前で、信仰の告白を行った。

しかし、まだ信教の自由がなく、信徒たちは、4つの秘密教会を作り、密かに大浦の神父たちを迎え、ミサや洗礼を受けていた。ところが、仏式の葬式を断ったことから、浦上四番崩れという、キリシタンとしての最後の検挙事件が起きた。3,384人の信徒が、全国20ヵ所に流されるという受難の「旅」に出た。

明治6(1873)年、禁教令が解かれ、再び故郷に戻つた1,900人の信徒たちは、かつて「絵踏」などのキリシタン弾圧が行われていた庄屋屋敷を買いとり、そこを仮聖堂とした。

東洋一と呼ばれた天主堂

明治28(1895)年、フレノ神父の指揮のもと、信徒たちは待望の天主堂の建設にとりかかる。苦しい生活の中、信徒たちは、金を積み立て、石や煉瓦を買い、労働奉仕で建設を進めたが、資金難から工事は遅れた。フレノ神父は過労でなくなり、ラゲ神父がその後を受け継いだが、やはり資金難は続き、天主堂は未完のまま、大正3(1914)年に献堂式(竣工)をあげた。

大正14(1925)年、ヒューゼ神父が双塔をつけて、フランス製のアンゼラスの鐘がとりつけられ、やっと完成する。その荘厳さと美しさと規模から、「東洋一」と絶賛された天主堂だったが、わずか20年後、上空で炸裂した原子爆弾によって、8,500名の信徒とともに、微塵に破壊されてしまう。

再生した浦上教会

戦後すぐ木造仮聖堂が建てられ、本聖堂建設計画をする中で、廃墟を原爆遺構として保存して欲しいという要望が、原爆資料保存会から出された。しかし、浦上教会としては、受難に耐えた信徒の歴史を物語る同じ場所に再建することが意義のあるものとして、廃墟の一部を移設保存し、昭和34(1959)年、新聖堂を建立した。

250年もの間、守り続けた信仰の復活を浦上の信徒が実現させたことで、特別な聖堂として、昭和37(1962)年、大浦天主堂に代り、司教座聖堂(Cathedral)に指定された。その後、ローマ教皇の来日を前に改装され、昭和55(1980)年、煉瓦のタイル貼りの姿となった。

●大正14（1925）年建立の東洋一と呼ばれた旧浦上天主堂
浦上天主堂写真集（カトリック浦上教会発行）より

●被爆の地から立ち上がった昭和34（1959）年建立の新浦上天主堂
浦上天主堂写真集（カトリック浦上教会発行）より

豆知識

長崎大司教館

浦上教会の前に、大司教館があります。プチジャン司教にはじまる歴代の司教は、南山手の司教館に住んでいましたが、平成5（1993）年に現在地に大司教館が建てられました。大司教館は、大司教の住まいであると同時に、引退司祭の住まい及び聖職者の宿泊施設です。隣には、教区本部事務局、会議室、信徒用宿泊施設(一般にも開放)がはいったカトリックセンターがあります。

©inu

©inu(上中下)

原爆資料室
●浦上教会信徒会館2階ロビー
鍵がかかっている時は司祭館を訪ねる
●駐車場有

原爆資料室内展示物

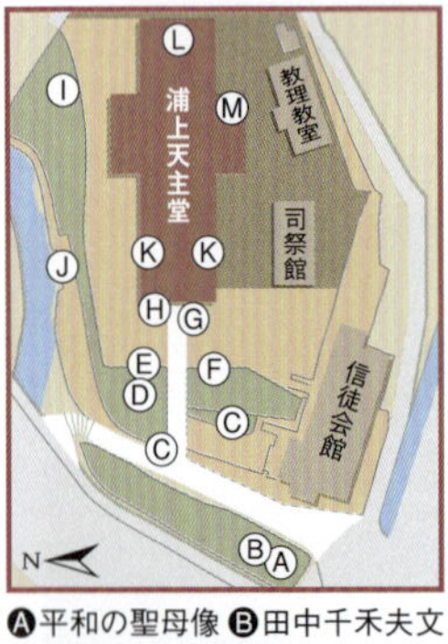

Ⓐ平和の聖母像 Ⓑ田中千禾夫文学碑 Ⓒ天使の像 Ⓓ被爆した聖人の石像 Ⓔ流配60周年記念碑 Ⓕ信仰の礎碑 Ⓖ教皇ヨハネ・パウロ二世の像 Ⓗ悲しみの聖母マリア像 Ⓘルドビコ茨木の像 Ⓙ旧浦上天主堂・鐘楼の残骸 Ⓚステンドグラス左右24枚 Ⓛステンドグラス「無原罪の聖母」 Ⓜ被爆マリア像

平和の願いを訴えつづける浦上教会の原爆遺構の数々

人々の平安を願って建てられた教会が、同じキリスト教徒によって破壊されてしまった。二度とこのようなことが起きてほしくないという思いを呼び起こす原爆遺構が、聖堂の廻りには点在する。それらは、熱線によって受けた人々の痛みを静かに語りかける。

聖マリア像と聖ヨハネ像

教会正面の上のキリスト像の両側の2つの像は、旧天主堂の正面入口のアーチ部分にあったものがはめこまれている。聖マリア像は、キリストの母であるために数々の苦しみを背負った「悲しみの聖母」だが、聖母像が彫りあがったとき、フレノ神父は悲しみのポーズでないと、と自ら悲しみのポーズをして彫り直させたという。

被爆マリア像

旧浦上天主堂の中央祭壇の上にあった木製の「無原罪の聖母マリア」像である。原爆で燃え続けた聖堂の中で、頭の部分だけが焼け残った。無原罪とは、キリストの母としてふさわしい、罪や汚れのない女性として生まれたことを意味する。浦上天主堂は、この「無原罪の聖母」に捧げて建てられた。浦上出身で、北海道のトラピスト修道院の修道士が、原爆の焼け跡の教会の瓦礫の中から拾いあげ、宝物として持ち帰ったものが、被爆30周年を機に、浦上教会に帰ってきた。同60周年記念に改修された小聖堂に安置されている。

鐘楼の残骸

浦上教会に向かって左手の崖下に、旧天主堂の双塔にあった鐘楼の一部が埋もれている。原爆によって鐘楼は吹き飛ばされ、川に落ちたが、信徒たちがその川の流れをずらして鐘楼を埋め込み石段を築いた。昭和46(1971)年、長崎県原爆資料保存会は、一部を掘り出して、一般公開し保存することになった。

鳴り続けるアンジェラスの鐘

旧天主堂では、双塔に各々にフランス製の鐘が吊るされていたが、左側の鐘は原爆で粉々に壊れた。奇跡的に残った右側の鐘は、終戦の年のクリスマス直前に教会の脇に三脚を立てて鳴らされ、その後、鉄骨の鐘楼が作られて、そこで鳴っていた。現在の教会では、残った大きな鐘1個と小さな鐘4個が向かって右側の鐘楼で、祈りの時を知らせている。

原爆資料室

信徒会館に入ってすぐのロビーには、原爆資料室がある。ここには、旧天主堂の双塔の左にあったフランス製の小型の鐘の破片、聖人像の破片、キリスト像の一部などが展示されている。

平和の聖母像

永井隆博士は島根県出身で、長崎医科大学病院で被爆しながら救護活動に当たり、病床から平和活動を行った。彼に対し、イタリアのカトリック医師会から、昭和26(1951)年に贈られた「平和の聖母像」がある。博士は、この像が届く1ヵ月前に亡くなった。

天使像や聖人像

教会の周囲には、一部が破損したり、黒みを帯びた天使像や聖人像が点在する。これらは旧天主堂の外壁を飾り、信徒たちを見守っていた石像だが、原爆によって、建物とともに崩壊したものの中から拾い上げられた。

©inu

- ●左上／悲しみの聖母像
- ●左中／被爆マリア像
- ●右上／被爆当時の
  マリア像とヨハネ像
- ●右中／被爆した天使像
- ●右下／吹き飛ばされた
  鐘楼の屋根

©inu（左上・右中・下）

●被爆した浦上天主堂
浦上天主堂写真集（カトリック浦上教会発行）より

中町《なかまち》教会

教会の保護者：聖トマス西と十五聖殉教者

©hisa(下・右)　©inu(左上)

●〒850-0055
長崎市中町1-13
Tel：095-823-2484
Fax：095-823-2486

●県営・JR長崎駅→徒歩5分
●拝観時間　6:00-18:00

被爆の残骸から信徒の手で蘇った白亜の教会

聖母マリアに捧げる

長崎駅を背にして右手に、尖塔が白く聳える中町教会がある。初代は、明治29(1896)年、二十六聖人殉教300周年を記念し、フランス人女性の寄付を元に、聖母マリアに捧げて建てられた煉瓦造の聖堂だった。しかし、昭和20(1945)年、原爆で焼失。信徒たちは、翌年、木造の仮聖堂を建て、5年後の昭和26(1951)年に、残った塔・外壁を利用し、手作業で聖堂を再建し、改めて「殉教者の元后」に捧げた。

十六聖人の像が新たに

昭和62(1987)年、聖トマス西と15人の殉教者が、二十六聖人以来125年ぶりに聖人の列に上げられた。これを記念して、敷地内に碑が建てられ、昭和63(1988)年の除幕式で、聖人の1人がフィリピンで最初の聖人ロレンソ・ルイスであったため、マニラのハイメ・シン枢機卿によって、祝別された。この後、中町教会は、「聖トマス西と十五聖殉教者」に捧げられている。2015年3月16日「聖トマス西と十五殉教者記念庭園」として十六聖人像が設置された。

焼失した中町教会

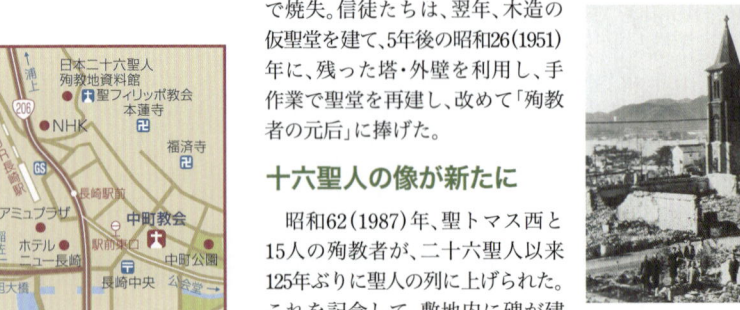

聖フィリッポ・デ・ヘスス教会（日本二十六聖人記念聖堂）

教会の保護者：聖フィリッポ・デ・ヘスス

西坂殉教地の傍らに建つ“ガウディ風”双塔の教会

●〒850-0051
長崎市西坂町7-8
Tel：095-822-6000
Fax：095-822-6137

●ＪＲ長崎駅から徒歩5分
●拝観時間　常時可能

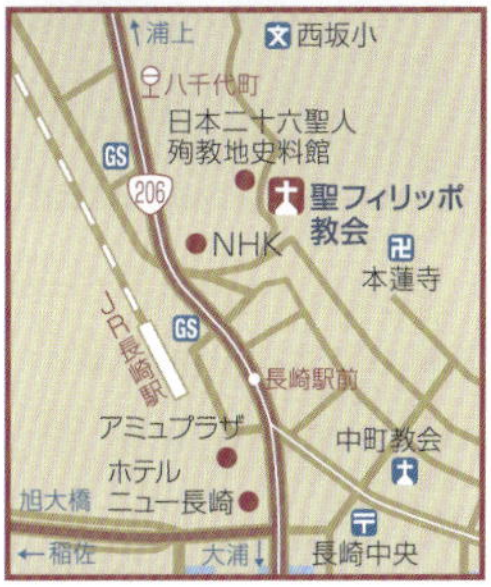

日本で殉教したメキシコ人

二十六聖人が京都から受難の旅をした浦上街道の終点にある教会で、向かいに西坂公園がある。

西坂公園脇に日本二十六聖人記念館の建設計画があったとき、道をへだてたこの場所に司祭館が建てられることは決まっていたが、聖堂建設の予定はなかった。そこにメキシコからの寄附で急遽、聖堂も同時に建てることが決まり、昭和37（1962）年、司祭館の上層部に聖堂が造られた。

この教会は、二十六聖人の一人で、メキシコ人の聖フィリッポに捧げられている。聖フィリッポは、フィリピンで司祭になる勉強をし、帰国途中、日本に立ち寄り、西坂で殉教した24歳の若者だった。

長崎を象徴する芸術

建物は、日本二十六聖人記念館と同じ今井兼次氏の設計。今井氏は、スペインの建築家・ガウディの研究の中で、ガウディの神への信仰に深く傾倒し、自身も信仰の世界に入った人である。京都から長崎まで二十六聖人が歩いた道筋の窯元の陶磁器をはめ込んだ。燃え上がるようなモザイク模様の双塔が伸びる聖堂は、ガウディの聖家族教会を彷彿とさせ、長崎の現代美術の象徴となった。

教会の内部は、肋骨状の船底を天井にしたような6本の柱を持ち、十字にかたどったドイツ製のステンドグラスに囲まれた、町の喧騒から切り離された祈りの家である。祭壇に向かって右手には、二十六聖人の中の３人の遺骨が顕示されている。中央には神を意味するＡΩ（アルファ〈はじめ〉とオメガ〈終わり〉）の文字を26本の十字架で囲むレリーフを刻んだ大理石の祭壇がある。

教皇ヨハネ・パウロ2世の来日を機に、誰もが自由に訪れることのできる巡礼所となり、2012年6月8日、日本カトリック司教協議会承認の巡礼所になった。

©inu（上・下）

馬込《まごめ》（沖ノ島）教会

国指定登録有形文化財 平成12（2000）年

教会の保護者：大天使聖ミカエル

©misawa(左・右)

むかし炭坑、いまリゾート島を見つめる白亜の教会

建築データ

建物　鉄筋コンクリート造平屋
　　　340㎡
竣工　昭和6（1931）年
設計　不詳
施工　不詳

●〒851-1202
長崎市伊王島町2丁目617
Tel・Fax：095-898-2054

●長崎汽船で長崎港→（約20分）
伊王島・船津港→徒歩10分
●拝観時間　要連絡

風雨に耐えて

長崎湾の入口にある伊王島町は、伊王島と沖ノ島の二つの島が橋でつながれたところ。

明治25（1892）年、後に黒島教会を建てたマルマン神父により、現在地の馬込に、煉瓦造の聖堂と司祭館が建てられた。しかし、昭和2年・5年と続いた台風で壊れ、昭和6（1931）年、台風に耐える鉄筋コンクリート造ゴシック様式の現在の聖堂が再建される。

明治村に行った教会も…

北の大明寺集落と、南の馬込集落は、町民の6割がカトリック信徒。島であるため海上の行き来がままならず、禁教時代は潜伏するのに都合のよい場所として、天草その他の地域から多くのキリシタンがやってきた。

明治初めの厳しい弾圧を受けた時代、危険が迫ると集落の全員が船で避難し、追及が緩むと再び戻るという生活が続いていた。にも関わらず、明治4（1871）年、まだ禁教令が解かれる以前、「椎山小聖堂」という木造瓦葺きの教会が、馬込の信徒によって作られていた。これが馬込教会の始まりである。

明治12（1879）年にやっと、2つの島の信徒が自由に祈りができる場所として、大明寺集落に、旧大明寺教会が建てられた。この教会は、昭和50（1975）年、愛知県の「明治村」に移築されている。

かつて石炭産業で栄え、エネルギー事情の変化に翻弄されながらも、リゾート地として起死回生を図る島に、馬込教会（沖ノ島教会）は静かに立つ。

神ノ島教会

かみのしま

教会の保護者：聖フランシスコ・ザビエル

ドンク岩に立つ岬の聖母とともに航海船を見送る

建築データ
建物　煉瓦造平屋　290㎡
竣工　明治30（1897）年
設計　不詳
施工　不詳

●〒850-0078
長崎市神ノ島町2-148
Tel：095-865-1028
Fax：095-801-8331

●JR長崎駅→車25分
長崎バス（神ノ島行）で長崎駅前→神ノ島終点下車（40分）→徒歩7分
●拝観時間　8：00-17：00

古さで四番目の煉瓦造り教会

長崎港の西側にある神ノ島は、今は埋め立てで陸続きとなっているが、本来は長径1kmほどの小島で、禁教時代、キリシタンが潜伏した島だった。

禁教令が解かれた後の明治9年に仮聖堂が建ち、明治14（1881）年に、ラゲ神父によって木造の聖堂が建てられた。

現在の聖堂は、デュラン神父が私財を投じ、明治30（1897）年、信徒と協力して建てたもの。大浦天主堂、出津教会、大野教会につづいて長崎に現存する、四番目に古い煉瓦造り聖堂である。建物は、正面に特徴的な八角ドームの大きな鐘塔がある。外壁は現在、ペンキ吹き付け仕上げになって、煉瓦を表面に見せていない。正面の鐘塔と玄関部は増築している可能性がある。内部は、経済性や厳しい自然条件などから、比較的低いリブ・ヴォールト天井がある。

信仰復活の功労者への記念碑

大浦天主堂で、プチジャンが250年間待ち焦がれた神父であることを確認したひとり西政吉《まさきち》は、この神ノ島の人。兄の忠吉《ちゅうきち》とともに、近隣の島々や遠くは佐賀の馬渡島まで神父たちの布教の手助けを行い、明治4（1871）年、他の信徒と検挙された。危険をおして信仰復活に多大な働きをした先駆者の功績をわすれないために、兄弟の記念碑と墓碑が設置されている。

教会下には、出入りする船の航行の安全を願って建てられた「岬の聖母」が静かに佇ずむ。そのすぐ先には、多くの殉教者の遺体が沈められた高鉾島《たかほこじま》がある。教会の窓辺から、海底に眠る殉教者たちの深い寝息が聞き取れるのではないだろうか？

©inu

出津《しつ》教会

世界文化遺産・長崎県指定有形文化財

教会の保護者：イエズスのみ心

©misawa

建築データ
建物　煉瓦造平屋　436㎡
竣工　明治15（1882）年
設計　ド・ロ神父
施工　不詳

●〒851-2322
長崎市西出津町2633
Tel：0959-25-0012
Fax：0959-25-0472

●拝観時間　8：00-17：00
●長崎バス（板ノ浦行）で長崎駅前→（1時間20分）出津文化村下車→徒歩8分

ド・ロ神父の布教と貧民救済の活動拠点

私財を投じて…

信徒発見後、外海地区にも多くの信徒がいることを知ったプチジャン司教は、印刷出版事業・医療救護活動などに従事していたド・ロ神父を、明治12（1879）年、出津・黒崎地区の主任司祭として赴任させた。ド・ロ神父は、生涯をこの地に捧げることになる。

神父は、まず明治14（1881）年に、私費を投じ、活動の拠点として、出津で煉瓦造の小さな聖堂を建設し、翌年には、献堂式を行った。その後、信徒が増えたので、明治24（1891）年、現在の祭壇方向に約1.5倍の長さに広げ、上に十字架をいただく小塔を建てた。さらに明治42（1909）年に正面玄関部を増築し、四角の鐘塔を建て、中に鐘を吊るし、フランスから取り寄せたマリア像を塔上に置いた。なお、鐘は、戦時中に供出して今はない。

外海の自然に合わせて

この教会は、煉瓦の壁をすべてモルタルで覆っている。一見煉瓦造に見せないこの方法は、国宝の大浦天主堂と同じやり方である。

教会の中で左右に男女が分かれて座るのに合わせて、教会の左の側面に「男の横門」、右の側面に「女の横門」と呼ばれる出入口を2個づつ備えてある。

当時建設された木造の聖堂は、高いリブ・ヴォールト天井が多い中で、ド・ロ神父は、激しい風が吹く外海では、屋根を低く押え、わずかに上に反らせた弓状天井や平天井とした。実用性を重んじた設計だが、かえって奥行きを深く感じさせ、教会の入口に立つと、ぐっと視線を祭壇に集中させる重厚な雰囲気を持っている。

大野《おおの》教会

世界文化遺産・国指定重要文化財
教会の保護者：ロザリオの聖母

野趣あふれる「ド・ロ様壁」が自然となじんで

ヨーロッパの田園風景

大野教会は、ヨーロッパの田園風景を思い浮かべそうな温もりのある赤い石壁が印象的で、出津から約4km北上した角力灘を望む大野の山間にある。

神浦・大野地区の高齢の信徒のために、明治26（1893）年、ド・ロ神父が自費を投じ、信徒の奉仕で完成させている。創建時は、単廊式の聖堂のみだったのが、大正15（1926）年、佐賀県の馬渡島《まだらじま》から赴任してきたブルトン神父が、祭壇部の先に、司祭部屋を増築して、現在の姿となった。

ド・ロ神父が在任中、祭壇脇で寝泊りしていたことから建てられたらしい。いまは、巡回神父の控え室として使われているが、一時「女部屋」と呼ばれる修道院となったこともあるようだ。

風除けの壁も…

大野教会の特徴は、何と言っても「ド・ロ様壁」である。この地方では、温石（おんじゃく）と呼ばれる、水平に割れやすい石を、砂・石灰・ノリ・スサ（ワラなど）を混ぜたアマカワで積み上げていく工法で、昔から石段や塀、かまどなどを築いてきた。

ド・ロ神父は、この工法に着目し、玄武岩を用いて、赤土を水に溶かした濁液で石灰と砂をこね合わせ、固めて壁を作ることを考案して、40〜50cmの厚い壁を作った。耐久性を増したこの壁を、考案者の名を取って、「ド・ロ様壁」と地元の人々は呼んだ。また聖堂の正面に目隠しのようにド・ロ石壁がある。風の強い外海ならではの特徴だ。

建築データ
建物　石造平屋　133㎡
竣工　明治26（1893）年
設計　ド・ロ神父
施工　不詳

- 〒851-2427
  長崎市下大野町2619
- 長崎バス（板ノ浦行）で大野下車→徒歩15分

©suzuki

黒崎《くろさき》教会

教会の保護者：イエズスのみ心

©suzuki(上・下・右)

建築データ
建物　煉瓦造り平屋　532㎡
竣工　大正9（1920）年
設計　不詳
施工　川原忠蔵

●〒851-2324
長崎市上黒崎町26
Tel ：0959-25-0007
Fax：0959-25-0272

●長崎バス（板の浦行）で
黒崎教会前下車→徒歩2分
●拝観時間　8.00～18.00

カクレキリシタンの里の教会

信徒が積み上げた壁

旧外海村のキリシタン部落のひとつ黒崎は、明治12（1879）年から、出津教会を拠点に、ド・ロ神父が布教と貧民救済を行った地区。

明治20（1887）年に黒崎小教区として出津教会から独立すると、地区の教会を建てたいという思いが高まり、信徒たちは資金を積み立て、造成を行った。

はじめ、設計はド・ロ神父だったが、建設計画が進展せず、ド・ロ神父亡きあと、大正7（1918）年、岩永信平神父のときにようやく着工し、信徒が煉瓦を一つ一つ積み上げて、大正9（1920）年、ハルブ神父のときに完成、コンバス司教によって献堂された。このときの大工は、先代が初代大浦天主堂に関わった黒崎の熱心な信徒父子だった。

外海の丘に映える

聖堂内には太い四角の柱が使われているが、これらは田平教会に使われる予定のものが運ばれてきたもの。田平教会が設計変更となり、煉瓦造りとなったことで、不要材となったからだ。田平周辺には外海からの移住者が多かった。

教会の奥行きのある三廊式と、全体を覆う板張りのリブ・ヴォールト天井の伸びやかなアーチは、厳粛な空間をつくっている。また、他の教会と異なり、側面の出入口が、長い会堂の中央にあって、そこを中心に、左右対称に窓が整然と配置されている。ド・ロ神父の設計の多くに、このような左右対称の特徴が見られるというが、実用性だけでない美意識があるようだ。

帰依を願った鐘

地区には、未だに多くのカクレキリシタンがいるという。教会の横にある鐘楼は、そのカクレキリシタンの帰依を願って、故渋谷治神父から寄贈されたものである。

飽ノ浦《あくのうら》教会

教会の保護者：聖ヨゼフ

©inu

五島・外海・伊王島などから、三菱造船所の工員募集で出てきた信徒が集まり、明治・大正・昭和と発展してきた小教区。大正8(1919)年、当時、市内で6番目の新聖堂が建立され、中町小教区から独立。戦時中の被弾や老朽化により、現在の聖堂が昭和34(1959)年に落成した。大正15(1926)年に開設した保育園親愛園は、長崎教区にある保育所としては、最も古い歴史を持つ。

●〒850-0063
長崎市飽の浦町8-50
Tel：095-861-2589
Fax：095-861-2773

●長崎バス（福田行・神ノ島行・立神行）または、県営バス（西泊行・立神行）で、水ノ浦または神社前下車→徒歩約3分
●拝観時間　常時可能（横門より）

岳《たけ》教会

教会の保護者：使徒聖ヨハネ

©hisa

明治38(1905)年に外海の牧野郷より水口勘右衛門氏が、耕作に適した高台の福田村岳郷を開拓したのがはじまり。当初、大浦、神ノ島、中町の教会へたいへんな思いをして、日曜参詣を行っていた。昭和31(1956)年に飽ノ浦教会の巡回教会となり、現聖堂は、水口氏の住居跡地に昭和45(1970)年に建った。中浦バス停から登る山道の途中にはルルドがある。近くにあるゴルフ場は長崎で最古。

●〒850-0068
長崎市福田本町477

●長崎バス（福田行）で中浦/ゴルフ場入口（福田行を除く）下車
→徒歩40分
●拝観時間　飽ノ浦教会へ要連絡

福田《ふくだ》集会所

©hisa

長崎のベッドタウンとして発展した福田地区の人口は増え、飽ノ浦教会に所属する信徒の数も増えた。平成7(1995)年、飽ノ浦教会の付属施設として、近場の子どもたちの信仰教育の場(福田集会所)として建てられた。しだいに定期的にミサが行われるようになり、巡回教会となっている。福田浦は、長崎が開港する前の永禄8(1565)年にポルトガル船が入港し、教会ができた歴史的なところ。

●〒850-0067
長崎市小浦町59-2
●長崎バス（福田行）で中浦下車
→徒歩5分
●拝観時間　原則不可

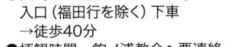

稲佐《いなさ》教会

教会の保護者：聖フランシスコ・ザビエル

●〒852-8011
長崎市稲佐町18-17
Tel：095-861-0747
Fax：095-861-1569

●長崎バスで長崎駅前→（約10分）公園前下車→徒歩約5分（車使用不可）
●拝観時間　要予約

©hisa

眼下に長崎の百万ドルの夜景を眺望できる稲佐教会は、稲佐山山麓の道幅が狭いところにあり、信徒は徒歩で訪れる。

昭和25(1950)年、中町教会の巡回教会として聖堂が建立されたが、昭和37(1962)年、独立。昭和46(1971)年、老朽化のため、現在地に再建された。

近くには、長崎でいちばん古い外国人墓地もあり、国際色豊かな地区である。

城山《しろやま》教会

長崎市都市景観賞平成12(2000)年

教会の保護者：慰めの聖母

●〒852-8023
長崎市若草町6-5
Tel：095-844-9208
Fax：095-843-6910

●長崎バスでマリア学院前下車→徒歩5分
●拝観時間　常時可能

©hisa

昭和27(1952)年、聖アウグスチノ修道会は、長崎にアメリカ人の3人の神父を派遣し、学校教育を足がかりとして、昭和29(1954)年に、浦上小教区から、城山小教区として分離独立する。昭和30(1955)年、教会に隣接して、聖マリア学院幼稚園を設立し、続いて小・中学校をつくった。平成12(2000)年、斬新なデザインの新聖堂が完成し、その年の長崎市都市景観賞を贈られている。

西町《にしまち》教会

長崎市都市景観賞平成21(2009)年

教会の保護者：聖ピオ十世

●〒852-8044
長崎市音無町9-34
Tel：095-844-5755
Fax：095-844-8505

●JR西浦上駅→徒歩4分
電車で千歳町下車→徒歩5分
長崎バスで　西町下車→徒歩3分
●拝観時間　8：00-18：00

©hisa

西町小教区は昭和34(1959)年、信徒800人が浦上小教区から独立し、神言修道会が司牧している。最初の聖堂は、カマボコ兵舎を米軍から譲り受けたが、翌年の昭和35(1960)年には小学校校舎の建設に伴い、聖堂は二つの教室があてられ移された。現在の聖堂は、昭和44(1969)年完成。高い尖塔は、父なる神の偉大さを、低い入口は、すべての人を迎え入れ、聳える吊り天井は、天と地を結ぶ賛美と感謝と歓迎を表す。

本河内《ほんごうち》教会

教会の保護者：無原罪の聖母

●〒850-0012 長崎市本河内2-2-1
Tel：095-824-2079　Fax：095-827-0575
●県営バスでJR長崎駅前→番所下車→徒歩3分　電車で蛍茶屋下車→徒歩15分
●拝観時間　常時可能

©inu

アウシュビッツで身代わりで亡くなったポーランド人コルベ師が、昭和5(1930)年来日し設立した修道院に始まる教会。昭和29(1954)年、中町小教区より分離・独立。昭和39(1964)年、現在の聖堂が建てられた。昭和57(1982)年、師が聖人となって以来、巡礼地となっている。

東長崎《ひがしながさき》教会

教会の保護者：聖母の汚れなきみ心

●〒851-0134 長崎市田中町366
Tel：095-839-1246　Fax：095-839-1658
●県営バスでJR長崎駅前→東望下車→徒歩1分
●拝観時間　6：30-18：00

©hisa

昭和37(1962)年、長崎市内から移り住んだ信徒の子ども対象の東長崎幼稚園経営のため、コンベンツアル聖フランシスコ修道会修道院が建てられたのが始まり。その後、本河内教会の巡回教会となり、昭和60(1985)年、独立、平成7(1995)年に現在の姿に改築される。

愛宕《あたご》教会

教会の保護者：救い主イエズス・キリスト

●〒850-0822 長崎市愛宕4-3-3
Tel：095-822-8802　Fax：095-822-8820
●JR長崎駅→車約20分　長崎バスで愛宕町下車→徒歩2～3分
●拝観時間　常時可能

©hisa

昭和31(1956)年4月5日、大浦・中町小教区から分離して、愛宕小教区として設立された教会。聖堂は、この年の7月15日完成した。レデンプトール修道会・日本準管区が司牧の任に当たっている。聖堂の祭壇右側には、「絶えざる御助けの聖母」の絵がある。

©inu

多良山系中腹より、島原半島を望む

本原教会
もとはら

教会の保護者：聖ペトロ・バプチスタ

本原地区は浦上四番崩れの生き残りの子孫が多く、昭和27(1952)年、浦上小教区の本原3丁目クラブを26聖人の1人・聖パウロ三木に捧げた仮聖堂とした。昭和34(1959)年にフランシスコ会が修道院を現在地に設立したとき、仮聖堂も移転した。昭和37(1962)年、現聖堂は建てられている。

教会の裏山は、マリアの山とよばれ、潜伏キリシタンが密かに集まっていたところである。

©hisa

●〒852-8123
長崎市三原2-23-12
Tel：095-844-0566
Fax：095-847-6507

●県営バス（三ツ山口循環線（右・左廻りとも））で長崎駅前→本原教会前下車→徒歩5分
●拝観時間　常時可能

木鉢教会
きばち

教会の保護者：聖ペトロ

明治43(1910)年から網場《あば》の脇《わき》にあった教会が、昭和13(1938)年、神ノ島教会の巡回教会として現在地に移転し、昭和37(1962)年に独立した。昭和56(1981)年、白亜の近代的な新聖堂が建てられた。

昭和63(1988)年、教会設立50周年を記念して、パイプオルガンに匹敵する荘厳な音を奏でる米国アーレン社製のコンピューターオルガンを設置した。

平成16(2014)年に小瀬戸集会所が開設され、高齢者や足の悪い人に対応している。

©hisa

●〒850-0077
長崎市小瀬戸町86
Tel：095-865-1039
Fax：095-865-4771
●JR長崎駅→車20分／長崎バス（神ノ島行）で長崎駅前→木鉢浦下車（30分）→徒歩3分
●拝観時間　6：00-18：00
●小瀬戸集会所
〒850-0077
長崎市小瀬戸町806-1
Tel：095-865-0037

三ツ山教会
みつやま

教会の保護者：イエズスのみ心

木場《こば》(現在の三ッ山地区)は、キリシタン時代イエズス会の所轄で、キリシタン安住の地だったが、多くの殉教者が出た。幕末の「浦上四番崩れ」とともにおきた「木場三番崩れ」でも多くの人が獄死した。

明治16(1883)年、最初の教会が建てられ、昭和37(1962)年、改築された。

白く小さな教会が、けわしい斜面に建てられており、長崎バイパスを走る車窓からも見える。

©hisa

●〒852-8142
長崎市三ッ山町775
Tel・Fax：095-847-7411

●長崎バス（恵の丘行）で犬継下車→徒歩2分
●拝観時間　常時可能

深堀教会
ふかほり

教会の保護者：被昇天の聖母

深堀教会提供

境内は、深堀領主の居城「深堀陣屋跡」で、この地を、昭和35(1960)年、渋谷神父が購入して引退生活を始め、近隣の信徒にも開放していたのが、教会の始まり。師が亡くなってから、昭和47(1972)年、正式な小教区となり、昭和51(1976)年、聖堂が建てられ平成26(2014)年現聖堂が建てられた。

- 〒851-0301
  長崎市深堀町5-272
  Tel・Fax：095-871-3459
- 長崎バス（深堀行・香焼行）で深堀下車→徒歩2分、JR長崎駅→車20分
- 拝観時間　常時可能

善長谷教会
ぜんちょうだに

教会の保護者：無原罪の聖マリア

©hisa

文政6(1823)年、外海の東樫山から7戸のキリシタンがこの地に移り住み、半分は三和町岳路に移って、カトリックに改宗しなかったが、残った家族は改宗し、現在も、住民全員がカトリック。明治28(1895)年建立の旧聖堂を、昭和27(1952)年に再建。聖堂の前から見える海に沈む夕日はお勧め。

- 〒851-0302
  長崎市大籠町519
- 長崎バス（深堀行・香焼行）で深堀下車→徒歩50分・車8分
- 拝観時間　常時可能
  （団体は要予約）

八幡町教会
やはたまち

教会の保護者：あけの星の聖母

©hisa

最初、あけのほし幼稚園の付属聖堂として建てられ、後に司祭館ができて、主任司祭が常駐し、昭和37(1962)年、中町教会から分離・独立した教会。新大工商店街や諏訪神社に近く、中心地の浜町もすぐそこにあり、古い町並みの中に溶け込んだ教会である。

- 〒850-0801 長崎市八幡町8-8
  Tel・Fax：095-824-3423
- 電車で諏訪神社前又は新大工町下車→徒歩5分　県営バスで諏訪神社前下車→徒歩5分
- 拝観時間　要予約

大山教会
おおやま

教会の保護者：絶えざる御助けの聖母

©inu

嘉永年間に外海黒崎からきた潜伏キリシタンの子孫の里で、先祖は、明治4(1871)年、佐賀へ流配となる。明治29(1896)年建立の最初の教会を、昭和27(1952)年改築。平成6(1994)年、現聖堂を建立。

ラゲ神父が取りよせた「絶えざる御助けの聖母」のイコンがある。

- 〒850-0964
  長崎市大山町566-1
  Tel・Fax：095-878-4093
- 長崎バス（戸町バイパス）で大山入口下車→徒歩45分・車10分
- 拝観時間　常時可能

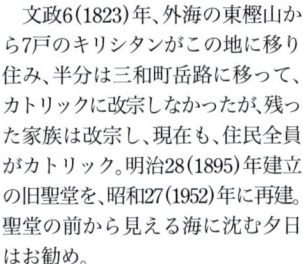

滑石《なめし》教会

教会の保護者：聖パウロ

©hisa

昭和45(1970)年、滑石団地が誕生したとき、西町小教区から分離されて小教区となる。昭和49(1974)年、ヨゼフ館(司祭館・信徒館)が建てられる。教区で2番目に信徒数の多い小教区である。平成20(2008)年7月6日、現在の聖堂に新築・献堂された。

●〒852-8061 長崎市滑石5-2-6
Tel：095-856-8623
Fax：095-856-8603
●長崎バスで大園小学校前下車
→徒歩1分
●拝観時間　要連絡

さくらの里聖家族《さくらのさとせいかぞく》教会

教会の保護者：聖家族

©inu

新長崎漁港を見下ろす新興住宅地「さくらの里」に隣接する地に平成16(2004)年に建立された。90年前に建てられた上五島の大曽教会の脇祭壇を中心に据え、60年前、聖コロンバン会の宣教師がアイルランドから取り寄せた聖櫃など、長崎の「信仰の遺産」を譲り受け、設置している。

●〒851-2207
長崎市さくらの里3丁目1700
Tel.095-850-6260
●交通：長崎バスで、長崎駅前（三重中学校前行か樫山行）→三重中学校前下車→徒歩3分
●拝観時間　要連絡

小ヶ倉《こがくら》教会

教会の保護者：無原罪の聖母

©hisa

南長崎に住宅地としてダイヤランドができて、長崎の各地から、信徒が集まってきたことから、昭和62(1987)年に、大浦小教区から分離して、マリア会によって誕生した教会。聖堂は、建物の2階、地階には、各種の集会場があり、信徒会の活動に利用されている。

●〒850-0963 長崎市ダイヤランド4-2-3
Tel：095-878-0964
Fax：095-878-0965
●長崎バス（40番系統）でくすの木通り下車→徒歩1分
●拝観時間　常時可能

諫早《いさはや》教会

教会の保護者：聖パウロ三木

©hisa

諫早藩は、大村藩や島原藩と隣接するが、佐賀藩の家臣であったことから、キリシタンが少なかったところだが、昭和7(1932)年、初代の教会が建てられ、諫早駅からも美しい姿を見ることができたようだ。昭和58(1983)年、現在の聖堂に改築・献堂された。

●〒854-0006 諫早市天満町32-17
Tel：0957-23-2066
Fax：0957-23-2077
●JR諫早駅→徒歩9分　県営バスで諫早ターミナル→徒歩7分
●拝観時間　5：30-20：00（横門より）

愛野《あいの》教会

教会の保護者：幼いイエスの聖テレジア

©hisa

昭和26(1951)年、スカボロ外国宣教会によって創設され、昭和45(1970)年、スカボロ外国宣教会が去った後、しばらく諫早小教区の巡回教会として活動していた。その期間を経て、昭和49(1974)年からサレジオ会に司牧を委託された教会となっている。

●〒854-0301 雲仙市愛野町甲3932-1
Tel：0957-36-0063 Fax：0957-36-1226
●島原鉄道で愛野駅下車→徒歩15分
県営・島鉄バスで愛野町下車→徒歩10分
●拝観時間　常時可能

植松《うえまつ》教会

教会の保護者：聖ヤコボ朝長

©hisa

明治22(1889)年、救護院として始まる。後、「首塚」の近くに竹松教会を建てたが、昭和16(1941)年に大村海軍航空廠の拡張に伴い、すべてを国に買収されたため、徳泉川内に田ノ平教会を建て、昭和22(1947)年、現在地に植松教会が建ち、昭和50(1975)年、現聖堂が建つ。

●〒856-0027 大村市植松2-722-1
Tel：0957-52-2256 Fax：0957-53-4898
●JR竹松駅→徒歩15分／県営・西肥バスで桜馬場下車→徒歩8分又は、植松下車徒歩3分
●拝観時間　常時可能

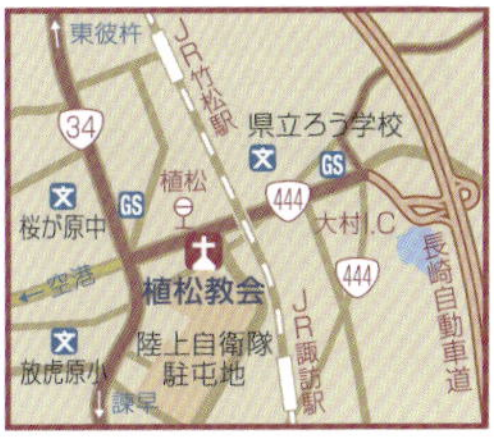

水主町《かこまち》教会

教会の保護者：大村の聖マリナ

©inu

大村の中心地にある教会で、昭和33(1958)年に植松教会より独立。昭和58(1983)年に現在の聖堂が建てられた。この教会は、大村生まれで十六聖人の一人・聖マリナに捧げられている。近隣は、キリシタンの歴史の中で重要な場所であり、史跡の多いところである。

●〒856-0827 大村市水主町2-606
Tel：0957-52-2830 Fax：0957-52-2891
●JR大村駅→徒歩10分　県営バスで駅前ターミナル→徒歩8分
●拝観時間　常時可能

湯江《ゆえ》教会

教会の保護者：アシジの聖フランシスコ

©TCA

コンベンツアル聖フランシスコ修道会が設立した社会福祉法人聖ヨゼフ会が経営する養護老人ホーム聖フランシスコ園の付属教会として、昭和35(1960)年に建立。入口の鐘楼は、ヨハネ・パウロ2世の来崎を記念して、ローマから鐘を取り寄せ、昭和57(1982)年に作られた。

●〒859-0131 諫早市高来町神津倉41-1
Tel：0957-32-3105
Fax：0957-32-5515
●JR湯江駅→徒歩10分　県営バスで湯江宿下車→徒歩13分
●拝観時間　予約希望

小長井教会《こながい》

教会の保護者：無原罪の聖母

●〒859-0167
諫早市小長井町遠竹2747
Tel.0957-34-3296
Fax.0957-34-4222
●県営バスで聖母の騎士園前下車→徒歩1分／JR小長井駅→車で15分
●拝観時間　予約希望

©inu

昭和28(1953)年、全国各地の戦災孤児を救済する施設として大村植松からこの小長井に移転してきた聖母の騎士園の職員を対象として建立された教会。多良山系の懐に抱かれた自然豊かな敷地内には、聖コルベ師によって設立されたコンベンツアル聖フランシスコ会小長井修道院、汚れなき聖母の騎士聖フランシスコ修道女会本部、重症心身障害児施設、小長井聖母の騎士学園など多数の施設がある。

香焼教会《こうやぎ》

教会の保護者：聖ヨゼフ

●〒851-0310
長崎市香焼町409-1
Tel：095-871-4349
Fax：095-871-4406
●長崎バス（香焼行）で深浦下車→徒歩5分
●拝観時間　常時可能

©hisa

三菱造船所香焼工場の建設拡充に伴い、神ノ島小教区巡回の蔭ノ尾教会（現三菱造船所香焼工場突端長刀鼻灯台周辺地域）が、信徒とともに移転を余儀なくされ、堀切地区に代替地を求めて、現在地に移ってできた教会。昭和46(1971)年、神ノ島小教区から分離・独立した。

香焼は、もとは島で、造船所を中心に埋め立てが進み、陸続きとなり発展した。信徒もほとんど、造船所で生計をたてている。

高島教会《たかしま》

教会の保護者：イエズスのみ心

●〒851-1315
長崎市高島町1138

●長崎汽船（伊王島経由）で長崎港→（約1時間）高島港→バスで教会下下車→徒歩3分
●拝観時間　主任司祭に要連絡

©hisa

高島は、宝暦年間（1750年代）に外海の樫山地区から迫害を逃れたキリシタンが移り住んだ島。炭鉱の発展とともに信徒は増加したが、昭和62(1987)年の閉山で減っている。明治24(1891)年、信徒の献金によって、最初の聖堂が建てられた。昭和34(1959)年、現在の聖堂が建てられ、山口大司教により祝別・献堂された。

明治24(1891)年、フランスから取り寄せた鐘が、今も島内に響く。

大明寺教会

だいみょうじ

教会の保護者：聖パウロ

©hisa

明治12（1879）年頃建立の木造の旧教会は、昭和50（1975）年、愛知県の明治村に文化財として移築保存されている。現聖堂は、昭和48（1973）年に建立。長崎港を出入りする船の航行安全を見守るかのように立つ、高い鐘楼を持った近代的な白い教会である。

●〒851-1201
長崎市伊王島町大明寺1-1060
Tel：095-898-2760
●長崎汽船で長崎港→船津港
→徒歩20分
●拝観時間　主任司祭に要連絡

樫山教会

かしやま

教会の保護者：聖セバスチアン

©inu

潜伏キリシタンの集落だった樫山にある、お堂という言葉が当てはまりそうな小さな木造の教会で、一見民家のようにも見える。近くには、キリシタンの首切り墓と言われる道盛（みちもり）神社、バスチャンの椿の伝説が伝わる地などがある。

●〒851-2202
長崎市樫山町3059

●長崎バス樫山行終点

牧野教会

まきの

©inu

川田《かわた》イソ氏が地域の独身女性の修道院として、また老人や病人の奉仕活動の場として大正10（1921）年につくった礼拝所を、牧野修院とよんだ。昭和50（1975）年に、お告げのマリア修道会に統合され、修院が解体され、昭和56（1981）年に住民が現在の礼拝所を建てた。

●〒851-2323
長崎市新牧野町591-9
●長崎バス（板の浦行）でJR長崎駅前
⇒出津下車→徒歩30分
●拝観時間　原則不可

時津教会

とぎつ

教会の保護者：日本二十六聖人殉教者

©hisa

ニュータウンの造成に伴い、昭和54（1979）年に教会ができて、昭和56（1981）年、滑石小教区から独立。聖堂は、もともとあった鉄工所の頑丈な鉄骨を生かした建物で、聖堂は2階にある。祭壇の中央には、復活したキリスト像が、右手に殉教者聖ルドビコ像が置かれている。

●〒851-2102
西彼杵郡時津町浜田郷606-1
Tel：095-882-7140 Fax：095-882-7220
●長崎バス（溝川行）で浜田下車
→徒歩5分
●拝観時間　常時可能

●〒851-2126
西彼杵郡長与町吉無田郷2035-4
Tel：095-887-3839 Fax：095-887-1688
●JR長与駅→徒歩5分
●拝観時間　常時可能

長与教会

ながよ

教会の保護者：ロザリオの聖母

©hisa

時津町とともに、長崎市のベッドタウンとして人口が増えた町で、昭和60(1985)年、教会が建てられた。長与駅から伊木力に向かって国道207号線沿いに走ると右手に、煉瓦色の外壁と緑の屋根が目に飛び込んでくる。平成4(1992)年、時津小教区より独立。

豆知識

潜伏キリシタンはなぜ信仰を守り通せたか

潜伏キリシタンたちが、徳川幕府の過酷な弾圧策にもかかわらず、1614年の禁教令以来1865年の大浦天主堂における信徒発見までの約250年間、一人の指導者（司祭）なしに奇跡的に信仰伝承ができた理由は次のような要素が考えられています。

（1）**組織の確立**：帳方《ちょうかた》（全信徒のリーダーで、祈りや教えを伝承し、毎年の暦を決めるなどの役割を果たした）、水方《みずかた》（洗礼を授ける役割）、聞き役（帳方からの指示を信徒に伝える役割）という先導者をおく信仰組織を作ったこと。

（2）**洗礼**：司祭なしに出来た秘跡（キリストの救いの恩恵を信徒に与える儀式）は洗礼のみであり、それを守り通したこと。

（3）**祈り**：オラショと呼ばれた祈りを口承し、それにより信仰の内容が伝えられた。祈りはラテン語が混じっているので幾分変化しているもののほぼ原型が残っている。

（4）**暦**：クリスマス、復活祭など教会暦を決める方法を伝承してきたこと。現在伝えられているのは1634年に使用された暦を基準としたバスチャン暦というものである。暦の作成は帳方が行い、帳方という名も暦の作り方を記述した帳面という意味からくる。

「信仰復活の礎」（浦上）は潜伏からの“復活”を物語る

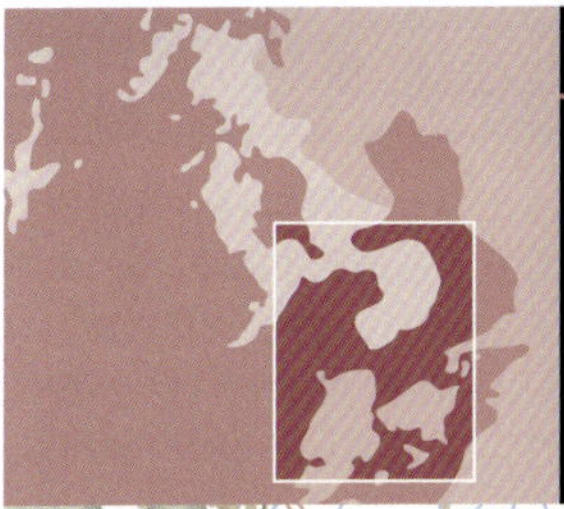

第2章

島原、天草の教会群

海峡をはさむ祈りの回廊。
そこには、布教時代の輝かしい伝統が
いきづいている

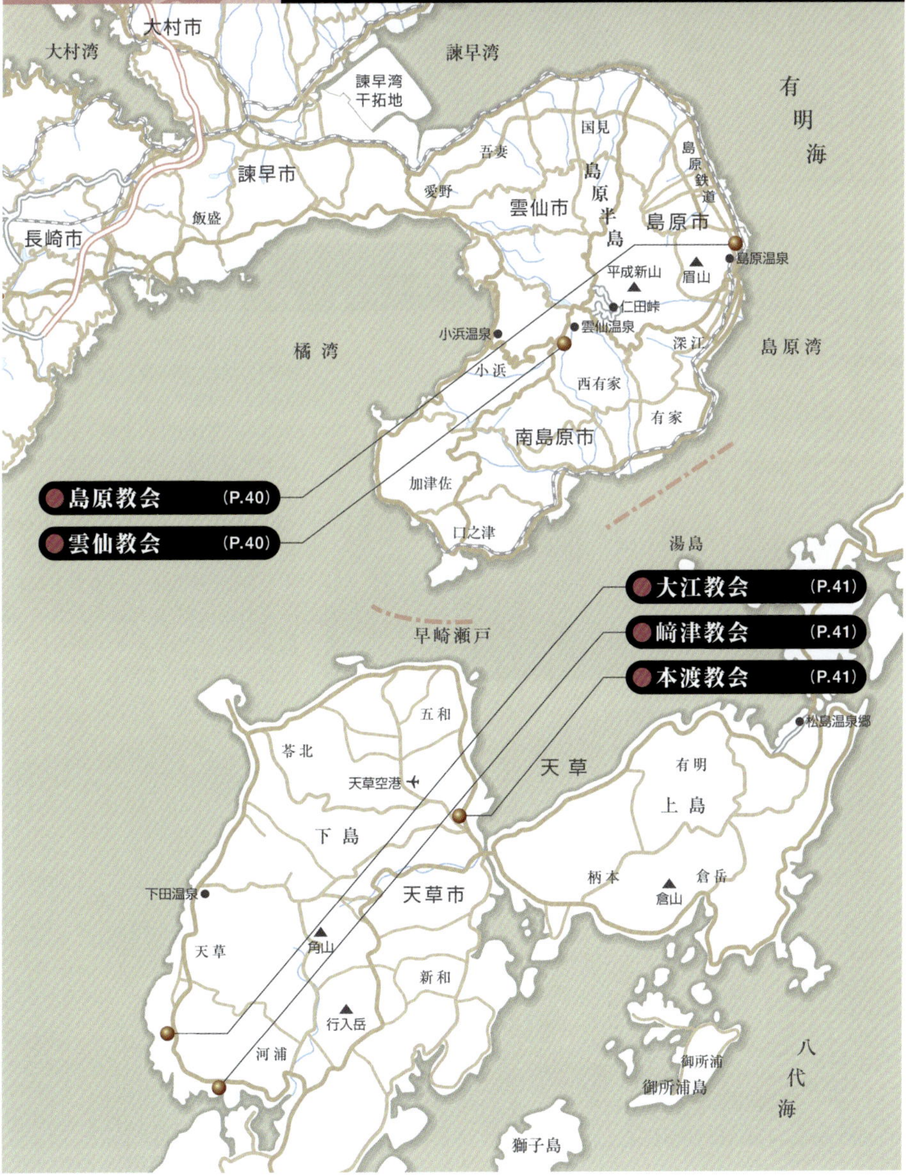

島原《しまばら》半島殉教者記念聖堂　島原市まち並景観賞

教会の保護者：日本26聖人殉教者

●〒855-0807
島原市白土町1066-3
Tel・Fax：0957-62-2952

●県営・島鉄バスで島原駅前又は大手下車→徒歩7分
●拝観時間　8：00-18：00

©hisa

キリシタン遺跡のない町はないとも言える島原半島で、多くの殉教者に捧げて建てられた島原教会は、昭和7(1932)年、諫早小教区から独立。当初は、長崎教区の司祭によって、昭和22(1947)年からアメリカ、オーストリアのコロンバン会の司祭、カナダのスカボロ会の司祭、そして昭和45(1970)年から再び長崎教区の司祭が司牧にあたる。平成9(1997)年、吹き抜けの塔を頂くドーム型の美しい教会が建てられた。

雲仙《うんぜん》教会

教会の保護者：福者アントニオ石田と雲仙の殉教者

●〒854-0621
雲仙市小浜町雲仙札の原422-2

●県営・島鉄バスで札の原下車→徒歩5分
県営バスターミナル→徒歩30分
●拝観時間　9：00-17：00 (窓越)

©hisa

寛永4(1627)年から寛永9(1632)年、雲仙の地獄で殉教したアントニオ石田らに捧げられ、ローマ教皇ヨハネ・パウロ2世の来崎と長崎大司教ヨゼフ里脇枢機卿司教叙階銀祝を記念して建てられた教会で、昭和56(1981)年、里脇枢機卿によって祝別・献堂された。教会の信徒数は少ないが、殉教地であることから、多くの巡礼者・観光客が訪れる。雲仙というロケーションから、この教会での結婚式を望む人も多い。

写真提供：天草観光教会
人々の生活の中に溶け込む港町の教会 "崎津天主堂"

大江《おおえ》教会

教会の保護者：お告げの聖母

写真提供：天草観光教会

天草に赴任したガルニエ神父が私財を投じ、鉄川与助によって、昭和8(1933)年に建てられた八角ドームの屋根を頂く白い美しい教会。中央の祭壇の上には、念願の教会が建ったことを記念して、ガルニエ神父の姪のルイズさんが描いた聖母マリアと大天使ガブリエルの大きな絵がある。孤児の救済や教育など福祉事業に取り組んだガルニエ神父のもとには、「五足の靴」の与謝野鉄幹らが訪れている。

●〒863-2801
天草市天草町大江1782
Tel・Fax：0969-42-5176

●九州産交バスで本渡バスセンター（河浦・牛深港行）→一町田中央（富岡港行乗換）→大江天主堂前下車
●拝観時間　9：00～17：00
●休館日　月曜

﨑津《さきつ》教会　世界文化遺産

教会の保護者：イエスのみ心

写真提供：天草観光教会

﨑津教会は入り江にある港町の教会である。一帯は、海のかおりが漂い、教会の鐘の音に癒される風景として「かおり風景100選」に環境省から選定された。建物は、明治4(1871)年まで、絵踏みが行われていた庄屋屋敷跡を、昭和2(1927)年に赴任してきたハルブ神父が買い取り、昭和9(1934)年に、鉄川与助の設計によって建てられたゴシック風の木造教会である。近くにハルブ神父の墓がある。世界文化遺産。

●〒863-1204
天草市河浦町﨑津539
Tel・Fax：0969-79-0015

●九州産交バスで本渡バスセンター（河浦・牛深港行）→一町田中央（富岡港行乗換）→教会入口下車
●拝観時間　9：00～17：00
●不定休

本渡《ほんど》教会

教会の保護者：聖パトリック

写真提供：天草観光教会

キリシタン時代には、本渡にイエズス会修道院があった。教会は、昭和26(1951)年に聖コロンバン会によって建てられた。

1956年以来、毎年、10月第4日曜日に行われる「天草殉教祭」では、天草・島原の乱の犠牲者の死を悼み、殉教公園の千人塚から、激戦地の重文の祇園橋を通り、この本渡教会まで、宗教の枠を超えた人々が集まり、キャンドル行列が行われた。(現在は実施されていない)

●〒863-0015
天草市大浜町3-28
Tel・Fax：0969-22-2758

●九州産交バスで本渡バスセンター（2・3番乗り場）→大浜・東浜下車
●拝観時間　常時可能

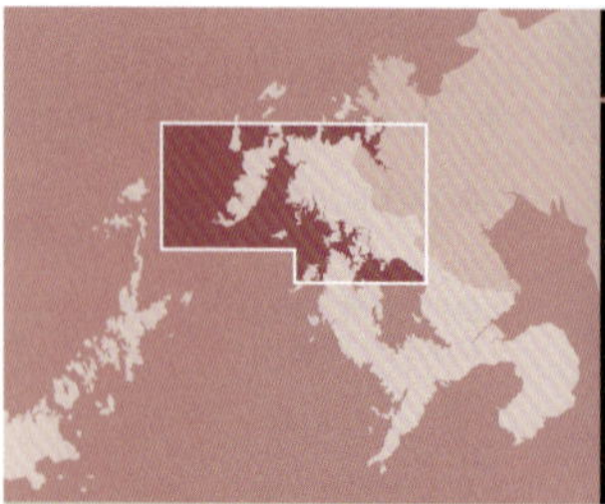

第3章

佐世保、平戸の教会群

レンガの壁が光る海に写りこみ
宝石のような輝きをみせる。貧困のなかで
信者が築きあげた汗と涙の結晶

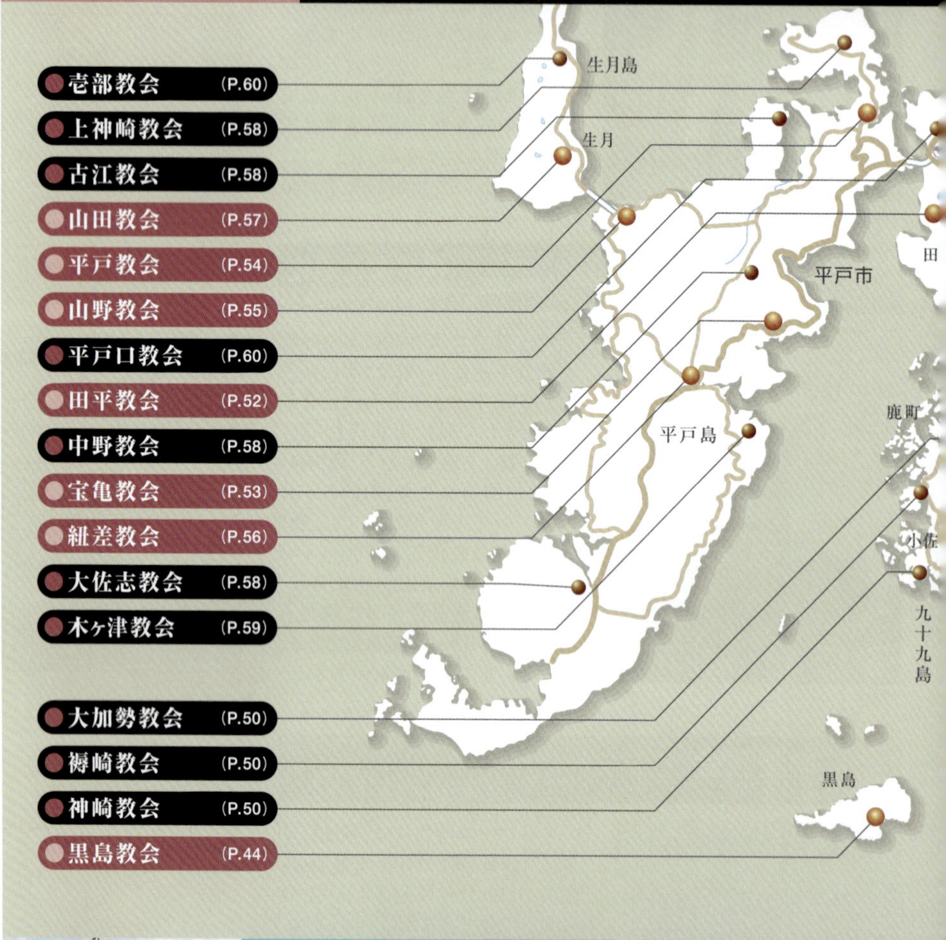

●黒島教会

●太田尾教会

●三浦町教会

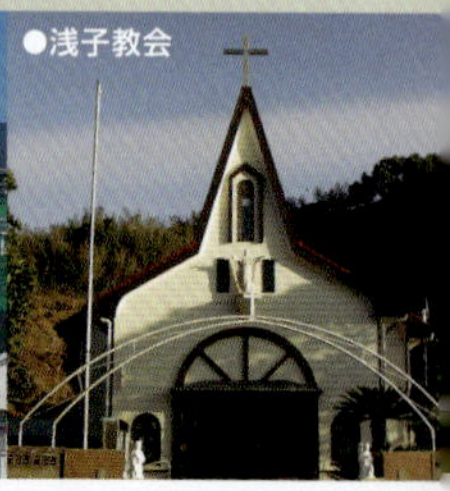
●浅子教会

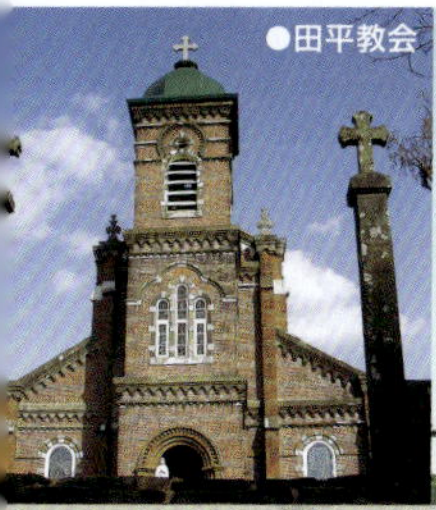
●田平教会

●平戸ザビエル記念教会

●紐差教会

●宝亀教会

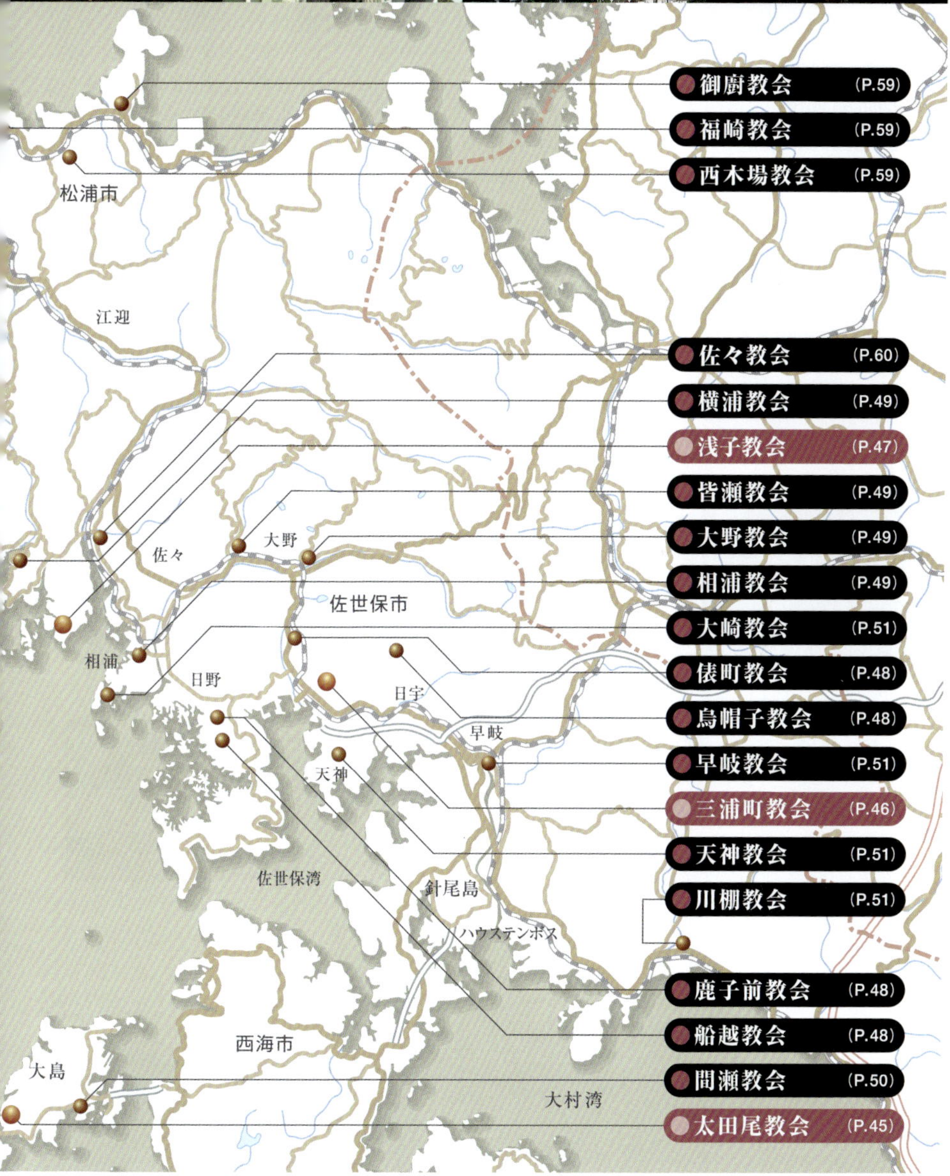
御廚教会 (P.59)
福崎教会 (P.59)
西木場教会 (P.59)
佐々教会 (P.60)
横浦教会 (P.49)
浅子教会 (P.47)
皆瀬教会 (P.49)
大野教会 (P.49)
相浦教会 (P.49)
大崎教会 (P.51)
俵町教会 (P.48)
烏帽子教会 (P.48)
早岐教会 (P.51)
三浦町教会 (P.46)
天神教会 (P.51)
川棚教会 (P.51)
鹿子前教会 (P.48)
船越教会 (P.48)
間瀬教会 (P.50)
太田尾教会 (P.45)
松浦市
江迎
佐々
大野
佐世保市
相浦
日野
日宇
早岐
天神
佐世保湾
針尾島
ハウステンボス
西海市
大島
大村湾

黒島《くろしま》教会

世界文化遺産・国指定重要文化財

教会の保護者：イエズスのみ心

キリシタンの駆け込み島に建った重要文化財

建築データ
建物　煉瓦造平屋　539㎡
竣工　明治35（1902）年
設計　マルマン神父
施工　前山佐吉ほか

●〒857-3271
佐世保市黒島町3333
Tel：0956-56-2017
Fax：0956-56-2019

●相浦港→（50分）黒島白馬港→徒歩30分
●拝観時間　常時可能

密かにカトリックの島に…

黒島は、佐世保の九十九島の中の最大の島。平戸藩がキリシタンに対して比較的寛容だったので、外海、生月、五島などから多くのキリシタンが移住し、潜伏していた。

元治2（1865）年の信徒発見の2ヵ月後、黒島から、20人の総代が大浦天主堂のプチジャン神父を訪ね、次にポワリエ神父が黒島を訪れて、総代の1人・出口大吉の家で、黒島最初のミサが行われた。そして禁教令が解かれる以前に、潜伏キリシタンの島から、カトリックの島へと変貌し、黒島以外への伝道活動も行われるようになる。

執念の結晶

明治11（1878）年、平戸島の紐差（当時は田崎）の巡回地となり、翌年、黒島を巡回したペルー神父により、名切に最初の教会が木造で建てられた。さらに明治13（1880）年、「女部屋」と呼ばれる修道会「黒島愛苦会」を設立。旧馬込教会を建てたマルマン神父が、明治30（1897）年、黒島に赴任すると、煉瓦造の聖堂の設計を行い、建設が開始される。しかし煉瓦が祭壇の上まで積み上げられたとき、予算を大幅に超過し、工事は中断。その後、費用を捻出して、明治35（1902）年に完成させた。

威風堂々の構え

城塞のような四角の鐘塔があり、中央に「天主堂」の文字の額縁とバラ窓を持つ堂々とした建物で、後方の半円形煉瓦積の外壁が特徴的。アーケード、トリフォリウム、高窓などを備えた完成された形の聖堂で、高窓のステンドグラスから差し込む光は、聖堂の崇高さをさらに高めている。

この聖堂の設計・指導に当ったマルマン神父は、一時、フランスにもどっているが、再び黒島に戻り、一生を黒島で終えた。

©suzuki（上・中・下）

太田尾教会《おおだお》

教会の保護者：王であるキリスト

常識破りの「こうもり傘」のような天井⁉

カクレキリシタンの島

黒島同様、大島の塩田・太田尾・塔の尾・中戸・徳万地区に、外海地方からキリシタンが移住したが、禁教令が廃止された後も、カトリックとなった人々は少なく、カクレキリシタンの集落として存続した。しかし、帳方《ちょうかた》・水方《みずかた》などの組織としての機能がなくなり、仏教徒との区別も難しくなったという。そのような中、黒島に続いて、佐世保小教区の巡回教会として、カクレキリシタンの里のひとつである太田尾に現在の教会が、昭和4(1929)年に建てられている。

あっと驚く吊り天井…

2体の聖人の石像が、玄関で訪れる者を迎え入れる太田尾教会は、木造の聖堂。正面の三角破風に、装飾的な飾り窓がはめられ、開放的入口を持つ、白さの印象的な建物である。聖堂内の空間は、他のこうもり天井をもつ教会とは異なり、柱のない吊り天井。通常、柱の位置になる部分は、たとえると「こうもり傘」のように波打ち、その波打ちで、三廊式の雰囲気を作り出している。この建物の設計者は不明であるが、教会の新しい形への模索とも言えそうな意気込みのある教会である。

鎮魂と発展の象徴

炭鉱閉山後、コンクリートのアパートが遺跡のような風景をつくる大島は、炭鉱の島から造船の島へ、平成11(1999)年には、九州で一番長い「大島大橋」が架かり、リゾートの島として発展中。教会は、常に新たな活路を見出している大島にふさわしい建築物として鎮魂の鐘を静かに響かせる。

建築データ
建物　木造平屋　218㎡
竣工　昭和4(1929)年
設計　不詳
施工　不詳

●〒857-2427
西海市大島町太田尾4522
Tel：0959-34-2341
Fax：0959-34-2391

●西海市太田和→大島大橋→車10分
●拝観時間　常時可能

©misawa(左・右)

三浦町《みうらまち》教会

佐世保市景観デザイン賞

教会の保護者：イエズスのみ心

©misawa

©suzuki

建築データ
建物　鉄筋コンクリート造平屋
　　　462㎡
竣工　昭和6（1931）年
設計　不詳
施工　不詳

●〒857-0863
佐世保市三浦町4-25
Tel：0956-22-5701
Fax：0956-22-6077

●JR佐世保駅→徒歩5分
●拝観時間　常時可能
（団体は要予約）

佐世保大空襲から生き残った教会

奇跡のシンボル

三浦町教会は、佐世保駅前の左手正面の丘に天高く建っている美しい教会である。静かな農村から東洋一の軍港都市となっていった佐世保市へ、平戸、田平、長崎、外海などから多くの信徒が移住して来たので、明治30（1897）年、谷郷町に初代の教会堂ができ、昭和6（1931）年、現在の聖堂が建てられた。

昭和の初め、早坂司教が推進して造られた強固な鉄筋コンクリートの教会堂6棟のうちの1棟が、この教会である。当時、周辺には高い建物がなく、佐世保港に入って、まず最初に、三浦町教会の十字架が目に入ってきたという。しかし逆に、軍港周辺施設を一望に眺められる場所にあり、戦争中は、使用を制限されたようだ。しかし、相次ぐ大空襲で、佐世保市は壊滅状態となったが、不思議なことに、この教会は戦火を免れている。

天高く聳える

教会の正面中央の四角塔の玄関部は、中段から八角塔に変わり、さらにその上に角錐の大尖塔が乗っている。左右の八角塔も角錐の小尖塔を乗せて、三つの尖塔が天に向かって鋭く垂直に伸びる姿には、圧倒される風格がある。

重層屋根の教会の上層の側面は柱ごとに円形の高窓が、下層の側面には尖頭アーチ形の縦長窓が並び、神秘的な光の空間を作り出している。内部は、リブ・ヴォールト天井で、主廊の幅が側廊に対して大きい。同じころに建てられた他の鉄筋コンクリート造の教会にはない特徴であるという。

広く高く空間を取ることで、聖堂内は、中に入った人の気持ちを、天空に導く効果があるようだ。

浅子《あさご》教会

教会の保護者：聖母の汚れなきみ心

三角帽子の赤い屋根が自然にとけこむ

黒島を経て、浅子へ

佐世保市の北西、相浦《あいのうら》富士の対岸にある浅子岳の麓で、九十九島を望む静かな入江に面したところにある。

浅子の信徒の故郷の黒島は、平戸藩に属していたが、平戸藩が、キリシタンに寛容であったことから、文化・文政（1800年代初期）のころ、外海、生月島、五島などからの移住が始まり、島の人口が急増してしまう。狭い土地で生計を立てることが難しくなったキリシタンたちは、明治13（1880）年の平戸島・上神崎移住を皮切りに、再び各地に移住することになり、そのひとつが浅子で、明治17（1884）年ごろのことだった。

当初、平戸の紐差《ひもさし》からの巡回を得ていたが、明治25（1892）年、仮の教会をつくり、昭和2（1927）年、現在地に浅子小教区を設立し、昭和3（1928）年、聖堂が建てられる。

とんがり屋根の可愛さ

正面の三角屋根を天に向かって突き出した外観は独特の味わいを持つ可愛さがある。ただ、海に面した厳しい自然条件で、外壁や開口部は、かなりの手直しが必要だったようだ。

しかし内部は創建時の状態を残しているという。三廊式の聖堂内は、アーチ形の縦長窓、柱の主廊側には半円形の柱を、柱頭には渦巻模様を組み合わせて上に伸び、曲線を描いて、平天井を支えている。そして途中の三角の持ち送りに、十字架を連想させる四つ葉のクローバーの彫刻をはめ込むなど、折上天井という簡素な天井が単調になるのを避ける工夫が随所に見られる建物である。

建築データ
建物　木造平屋　219㎡
竣工　昭和3（1928）年
設計　不詳
施工　不詳

●〒857-0431
佐世保市浅子町232-4
Tel：0956-68-2583
Fax：0956-68-2893

●佐世保駅→車30分
●拝観時間　9：00-18：00
（要予約）

©hisa

鹿子前《かしまえ》教会

教会の保護者：平和の元后

●〒858-0922 佐世保市鹿子前町853
Tel・Fax：0956-28-2339
●JR佐世保駅→車15分
●拝観時間　常時可能

©hisa

眼前に島影が美しい西海国立公園・九十九島が広がり、佐世保市のレジャー施設が集まるところにある教会。鹿子前地区の信徒が増えたため、昭和45（1970）年に教会が建てられ、小教区となり、平成24（2012）年に改修された。

船越《ふなこし》教会

教会の保護者：童貞聖マリアの無原罪の御やどり

●〒857-1231 佐世保市船越町131-3
●JR佐世保駅→車20分
●拝観時間　要連絡（施錠）

©mine

前の教会は、大正12（1923）年、平戸の紐差教会の古材を利用して、現在の鹿子前公園の駐車場である鴛の浦に建てられたが、佐世保が軍港として発展し、旧日本海軍の施設を拡充するにあたって、昭和15（1940）年、石岳動植物園が隣接する現在地に移転している。

俵町《たわらまち》教会

教会の保護者：聖母の汚れなきみ心

●〒857-0016 佐世保市俵町22-12
Tel：0956-22-4285 Fax：0956-22-4447
●松浦鉄道で北佐世保駅下車→徒歩5分／市営バスで俵町下車→徒歩3分

©hisa

佐世保駅の駅舎跡地に昭和27（1952）年に建てられた教会。当初は、スカボロ外国宣教会によって司牧が行われ、昭和44（1969）年、長崎教区に返還。平成6（1994）年に改築され、現在の教会となる。庭には、マリア像があり、5月の最終日曜日は教会の祝日とし、聖母行列がある。

烏帽子《えぼし》教会

教会の保護者：平和の元后

●〒857-0001
佐世保市烏帽子町138
●佐世保駅→車20分

©inu

佐世保を代表する山のひとつ烏帽子岳（568m）に行く途中、標高430mのところにある。昭和38（1963）年に、烏帽子地区の信徒のために、麓の俵町教会の巡回教会として建てられた。道をへだててすぐそばに、烏帽子岳高原リゾート・スポーツの里のグラウンドがひろがる。

大野《おおの》教会

教会の保護者：聖ヨハネ絹屋

©hisa

佐世保市の中心地に近い、学園地帯にある教会で、昭和36(1961)年に旧聖堂が建てられ、俵町教会の巡回教会となる。昭和43(1968)年に分離・独立し、同時にスカボロ外国宣教会から、長崎教区に返還された。昭和57(1982)年、現在の聖堂になる。

- 〒857-0131 佐世保市大野町10-1
  Tel：0956-49-3608 Fax：0956-59-7074
- 松浦鉄道左石駅下車→徒歩5分／市営バスで瀬戸越下車→徒歩5分／西肥バスで大野中学校下車→徒歩1分
- 拝観時間　常時可能

皆瀬《かいぜ》教会

教会の保護者：日本の聖母

©mine

皆瀬駅の山手にある緑に囲まれた殉教者の子孫が集まる地に建つ。スカボロ外国宣教会に委託され、小教区として独立するが、昭和43(1968)年、大野教会の巡回となり、長崎教区に返還される。平成19(2007)年、鳥が羽ばたいているような現教会堂となる。

- 〒857-0144 佐世保市皆瀬町363
  Tel：0956-49-2602 Fax：0956-59-7074
- 松浦鉄道で皆瀬駅下車→徒歩5分／西肥バスで皆瀬駅下車→徒歩5分
- 拝観時間　金曜／17：00-18：30
  日曜／ 7：00- 8：30

相浦《あいのうら》教会

教会の保護者：聖ヨゼフ

©hisa

昭和16(1941)年に初代の聖堂が建てられて、大崎教会から分離独立し、昭和35(1960)年に現在の聖堂が、聖ヨゼフに捧げて建てられた。国際経済大学の誘致やベッドタウンとしての造成で、相ノ浦地区は大きくなり、信徒が増えている地域である。

- 〒858-0926 佐世保市大潟町1022
  Tel：0956-47-2442 Fax：0956-47-2494
- JR佐世保駅→車20分
- 拝観時間　予約希望

横浦《よこうら》教会

©inu

戦後、長崎山地区に入った信徒たちは、ふるさとの神崎《こうざき》や浅子《あさご》の教会へ小船で通っていたので、浅子の司祭が、横浦の公民館で巡回ミサをするようになった。そして、長崎教区の昭和最後の教会として昭和63(1988)年末に聖堂が完成、翌年の元旦に献堂された。平成13(2001)年に、2倍の広さに増改築された。

- 〒857-0403
  佐世保市小佐々町臼ノ浦横浦149-7
- 佐世保駅→車30分
- 拝観時間　原則不可

間瀬《まぜ》教会

教会の保護者：聖ルドビコ茨木

●〒857-2413 西海市大島町間瀬1420-3
●西海市太田和→大島大橋→車3分
●拝観時間　常時可能（施錠）

©hisa

炭鉱に働く信徒のために、昭和32(1957)年、建てられた教会。現在は、炭鉱閉山後、誘致された大島造船所関連の職場に働く信徒が中心となっている。平成16(2004)年4月、神崎教会の新築にともない、旧神崎教会が解体されたことで、今残る最後の畳敷き教会である。

神崎《こうざき》教会

教会の保護者：聖ベネディクト

●〒857-0414 佐世保市小佐々町矢岳87-4
Tel：0956-69-2603 Fax：0956-69-2605
●JR佐世保駅→車35分

©TCA

西海国立公園・九十九島を望んで、昭和5(1930)年に、旧聖堂が初期の鉄筋コンクリート造りのゴシック様式教会として建てられ、老朽化に伴い、平成16(2004)年、新教会が建てられた。教会より岬の突端に行くと、日本本土最西端の地の碑がある。

褥崎《しとねざき》教会

教会の保護者：聖ペトロ

●〒859-6206 佐世保市鹿町町長串1089
Tel：0956-77-4443 Fax：0956-77-4672
●佐世保駅→車45分
●拝観時間　6：30-17：00（要予約）

©hisa

外海から五島に移住した信徒が、慶応から明治にかけて(1870年頃)、弾圧を逃れて、褥崎の半島入口近くのこの地に住みついた。最初、浜辺に民家風の聖堂が建ち、昭和42(1967)年、高台に現聖堂が建つ。信仰の自由の喜びと、祖先の信仰を偲ぶ「アヤタケ踊り」が、祝日などに行われる。

大加勢《おおかせ》教会

教会の保護者：イエスのみ心

●〒859-6206
佐世保市鹿町町長串4-5
●佐世保駅→車50分
●拝観時間　要連絡

©hisa

昭和40年代、北松炭田が閉山するまで炭鉱の町として栄えた大加勢は、外海や浦上など長崎の各地から信徒があつまり、大正7(1918)年に最初の教会を建立。昭和22(1947)年に木造教会が、平成3(1991)年、現在地に鉄筋コンクリートの新聖堂が建てられた。

大崎《おおさき》教会

教会の保護者：聖ヨゼフ

●〒858-0926 佐世保市大潟町483
Tel：0956-47-6188
Fax：0956-47-6220
●佐世保駅→車30分
●拝観時間　常時可能

©inu

明治中頃から黒島、平戸、五島より信徒が移住した地区で、当初、三浦町教会に所属していたが、昭和16(1941)年に仮聖堂ができて、相ノ浦教会の巡回となり、昭和48(1973)年、現在地に聖堂が建てられ、平成元(1989)年、司祭館が新築されると、分離・独立した。

天神《てんじん》教会

教会の保護者：聖ヨゼフ

●〒857-1175 佐世保市天神町1303
Tel：0956-31-4705 Fax：0956-31-4707
●JR佐世保駅下車→車10分／市営バス（大宮天神循環・大黒天神循環）で汐入下車→徒歩1分
●拝観時間　常時可能

©TCA

黒島、五島、平戸から移り住んだ信徒によって、昭和49(1974)年に三浦町の巡回教会として旧聖堂が、昭和61(1986)に新聖堂が建てられた。現在、新興住宅地の造成で大きくなっているところである。

早岐《はいき》教会

教会の保護者：聖パウロ

●〒859-3215 佐世保市早岐2-23-6
Tel：0956-38-2293 Fax：0956-38-4707
●JR早岐駅→徒歩10分
●拝観時間　要連絡

©hisa

戦後昭和22年頃より、平戸、黒島、五島などから移住してきた信徒のために、佐世保三浦町教会の司祭が個人宅を巡回してミサをささげていたが、昭和39(1964)年、早岐瀬戸に面した現在地に既存の建物を改築して聖堂とし、現聖堂は昭和60(1985)年に建立。

川棚《かわたな》教会

教会の保護者：聖ルドビコ茨木

●〒859-3607
東彼杵郡川棚町城山38
●JR川棚駅→徒歩5分
●拝観時間　要予約

©hisa

昭和25(1950)年、オーストラリア人宣教師フリン師によって、1戸の信徒の家族からスタートした教会。昭和27(1952)年、スカボロ外国宣教会に移管、昭和41(1966)年に現在の聖堂を建立、昭和45(1970)年、長崎教区へ移管され、現在に至る。聖堂は祭壇の両側から信徒席が囲む形になっている。

田平《たびら》教会（瀬戸山教会）

国指定重要文化財

教会の保護者：日本二十六聖殉教者

建築データ
建物　煉瓦造平屋　479㎡
竣工　大正7（1918）年
設計　鉄川与助
施工　鉄川与助

●〒859-4824
平戸市田平町小手田免19
Tel：0950-57-0993
Fax：0950-57-3771

●平戸大橋→車10分
●拝観時間　6：30-18：00
（毎週水曜以外）

鉄川与助、最後の煉瓦造教会堂

3戸の移住から始まる

平戸瀬戸にむかって、堂々と美しく建つ煉瓦造教会の姿は、絵や写真のモチーフとして最適な、田平を代表する風景である。

この地区は、明治19（1886）年、黒島教会のラゲ神父が，自費で原野1町歩を買って、黒島から3家族を移住させ、続いて、出津教会のド・ロ神父が1町歩を買って、明治20（1887）年に4家族を移住させ、次第に移住者が増え、キリシタンの集落となった。大正初期には80戸の信徒が集まっていたという。

彼らは、明治21（1888）年に仮聖堂を建てたが、大正3（1914）年に赴任してきた中田藤吉《なかたとうきち》神父の勧めで、煉瓦造の教会を造ることになる。しかし、資金作りは困難で、中田神父は紐差教会のマタラ神父に相談し、フランス人篤志家の匿名の寄付などで、ようやく着工し、途中崖崩れなどの惨事も発生するが、大正7（1918）年に完成した。

田平の風景

教会建築の第一人者鉄川与助の設計では最後の煉瓦造教会。この4年前に作られた、福岡の今村教会とともに名作と評される建物である。

田平教会は、張り出した特徴的な3層の高い塔屋を持っている。第1層が玄関部、第2層に3連アーチの縦長窓、第3層が鉄川与助独特の十字架をいただく八角ドームを乗せた鐘塔で、荘厳な重みを増すのに一役かっている。

建てるときに使われた石灰は、平戸の信徒の協力も得て集められた貝殻を焼いて作られた。その貝殻を焼いた跡が、教会の前に今も残されている。

©hisa

宝亀《ほうき》教会

長崎県指定有形文化財

教会の保護者：聖ヨゼフ

©inu

海を見おろすコロニアルなテラスに憩う

誤解を受けながらも…

平戸瀬戸を見おろす高台にある、一度見たら忘れられない特徴的な色と形の教会である。

この地区の信徒は、外海地方から移住した潜伏キリシタンの子孫が多く、明治11（1878）年には、現在地よりも東にある京崎に民家御堂（小聖堂・布教所）が、明治18（1885）年に、仮教会が建てられた。そして明治20（1887）年に紐差教会に赴任したマタラ神父が建設の指導をして、現在の宝亀教会が明治31年頃建てられた。

費用は約50戸の信徒全員で捻出し、不足をマタラ神父が補った。資材は、外海、黒島、田平の方から運び出し、紐差の信徒の協力も得て、信徒たちは篤い信仰で労力奉仕を行ったが、「フランス人から金をやるからキリシタンにならないかと言われて改宗したのではないか」と言われたりもしたという。

赤と白のモルタル仕上げ

聖堂は、木造の瓦葺きで、板張りの外壁だが、正面の玄関部分の1間は煉瓦造。その正面は赤と白のモルタルで仕上げられ、2つのアーチの盲窓に聖像がはめてある。

そして聖堂の左右の側面に下屋があり、アーケード（柱廊）になっている。壁面は、はめ殺しの丸窓の下にガラス扉と鎧戸がセットになった出入口が5つあり、天井は斜め板張りの透かし天井で、長崎の洋館のような南国風のコロニアルなテラスの造りである。

この教会を建てた大工の棟梁は、五島列島の北にある宇久島の出身で、若いころ黒島へ民家を造りに行った際に、黒島のキリシタンが熱心に信仰する姿を見て、自分も洗礼を受けたという話が伝わっているという。名前は不詳。

建築データ
建物　木造、一部煉瓦造平屋　245㎡
竣工　明治31（1898）年
設計　不詳
施工　不詳

●〒859-5366
平戸市宝亀町1170
Tel・Fax：0950-28-0324

●平戸大橋→車20分
●拝観時間　6:00-17:00頃

平戸《ひらど》ザビエル記念教会

教会の保護者：大天使聖ミカエル

アンシンメトリーなゴシック様式が印象的

建築データ
建物　鉄筋コンクリート造平屋
　　　396㎡
竣工　昭和6（1931）年
設計　末広設計事務所
施工　不詳

●〒859-5152
平戸市鏡川町259-1
Tel：0950-22-2442
Fax：0950-29-9800

●平戸桟橋→徒歩10分（800m）
●拝観時間　6：00-18：00
（観光客は柵外）

ザビエルの平戸訪問を記念

平戸観光の代表でもあり、3つの寺院と隣接し、多くの巡礼者や観光客が訪れる教会である。東洋の使徒、偉大な聖者として世界の人々に尊敬されているザビエルの3度の平戸訪問を記念して昭和46（1971）年に記念像が聖堂前に建てられ、平戸ザビエル記念教会とも言われる。

この地区は禁教令が解かれた後、信徒が、住み着くようになり、しだいに増えていったところで、明治43年頃には仮聖堂があったという。昭和6（1931）年に今の教会ができるまでは、4km北にあった上神崎教会（現存するのは新聖堂）の巡回地だった。

ドイツ人好みの尖塔

この教会は、鉄筋コンクリート造で、巨大な尖塔を小尖塔が取り囲み、垂直に屹立する鋭さとナチュラルな色の仕上げの美しい建物である。なくなった小佐々町の旧神崎教会も、たくさんの小尖塔を持つ建物で、同じ設計事務所によるもので、巨大な尖塔を建てたり、角錐屋根に小尖塔をつけるのは、ドイツ式ゴシックというらしい。

さて、この教会は、左側にのみ八角塔があり、ゴシック様式としては珍しいアンシンメトリー（非対称）な景観を造っている。このことが不思議な魅力となっている。

課題

平戸の観光コースに組み込まれ、多くの人々が訪れるので、写真撮影や、ひやかしで、信徒は祈りを阻害されることもあるという。ここに限らず、観光客のマナーの向上が求められる。

©misawa

©hisa

山野《やまの》教会

教会の保護者：洗礼者聖ヨハネ

山間の隠れ里に徒歩でたどりつく

ギリギリの生活環境で…

生月大橋ができて、県道が整備されたとはいえ、山野入口というバス停から標高514mの安満岳の中腹にある山野へは、車を使わないで歩くと30分〜40分かかる。山野集落の先祖は、禁教時代、西彼杵や外海から五島へ迫害を逃れて来たものの、五島に住めず、文政年間に、平戸島のこの地に住み着いた人々で、現在も住民はすべてカトリックであるという。

作物を育てる環境としてはギリギリの条件の標高であるだろうし、奥まったところでなければ潜伏することが不可能であったというキリシタンの思いを実感するには、あえて徒歩で到達することもお勧めかもしれない。門柱の仏像のような光背を持つ小さな石のマリア像がやさしく労をねぎらって出迎えてくれるだろう。周りは長閑な段々畑の田園風景が美しく、安息の地の風景に、教会は、静かに溶け込んでいる。

黒崎教会を手本に

ラゲ神父と信徒によって明治20(1887)年、最初の教会が建設され、大正13(1924)年、現聖堂が完成する。板張りで瓦葺きの小規模な建物で、内部は、円形アーチのリブ・ヴォールト天井で、コリント風の柱頭飾りを付けた柱が並ぶ。棟梁が黒崎教会の建設にも携わっていたので、聖堂の中は、黒崎教会に似ているという。

昭和54(1979)年に、前面が増築され、突出していた玄関部分が取り込まれ、屋根の上に八角の尖塔が付け加えられた。そして、平成12(2000)年にも改築され、外壁は板張りではなくなった。

建築データ
建物　木造平屋
　130㎡（昭和56年増築前）
竣工　大正13（1924）年
設計　不詳
施工　川原清次

●〒859-5142
平戸市主師町山野

●平戸大橋→車30分
●拝観時間　常時可能（各自開閉）

©inu（上・下）

©suzuki

紐差《ひもさし》教会

教会の保護者：十字架称賛

©suzuki(上・下)

©misawa

建築データ
建物　鉄筋コンクリート造
　　　地上1階、地下1階
　　　671㎡(地階を含まず)
竣工　昭和4(1929)年
設計・施工　鉄川与助

●〒859-5361
平戸市紐差町1039
Tel：0950-28-0168
Fax：0950-28-1188

●平戸大橋→車30分
●拝観時間　常時可能

花装飾の船底天井が美しい鉄川与助の作品

花咲く教会が天に聳える

紐差教会は、平戸島のほぼ中央部の紐差地区にある壮大な白亜の教会で、旧浦上天主堂が原爆で破壊された一時期は、日本最大の教会だったといわれる。

現聖堂は、昭和4(1929)年に完成した。鉄川与助が手掛けた鉄筋コンクリート造教会の第2弾(第1弾は、熊本市上通町の手取教会)で、建物は地上部と地下部に別れ、地上部の聖堂入り口にむけて22段の広く高い階段が設けてある。その階段の下から聖堂を見上げると、鉄川独特の八角ドームの鐘塔の高さが一層強調され、荘厳である。

中は、三廊式で、柱の上には疑似トリフォリウムがある高い空間を持つ。特徴的なのは、天井板を「へ」の字に折って真ん中を高くした船底天井とも呼ばれる折上天井で、シンプルでありながら整然とした美しさをもつ。梁の間には花柄の装飾が施され、教会をさらに華やかにしている。

納戸神を奉ったキリシタン

この地区は仏教徒と、明治になって外海から移住してきた人や、200年以上も前に大村藩から移住してきた人を祖とするキリシタンが雑居し、一部の仏教徒がキリシタンとなったというところ。

信徒発見後、最初に、この地区に入ってきた外国人宣教師ペルー神父は、明治11(1878)年、草積で、納戸神を祭る潜伏キリシタンを見つけ、徐々に改宗・洗礼を受けさせていき、田崎に仮聖堂を作った。

明治18(1885)年に建てられた初代の聖堂は、解体されて紐差教会の司牧地域であった佐賀県馬渡島教会となっている。

山田《やまだ》教会

教会の保護者：七つの悲しみの聖母

© misawa

長崎教区縦断42ヵ所巡り出発地

聖トマス西列聖を記念して

生月出身で西坂で処刑された長崎十六聖人のひとり聖トマス西の列聖を記念した碑が境内に作られた山田教会は、長崎司教区が推進する42ヵ所巡り（生月から西坂までの巡礼地を歩く）のスタート地点となる。

生月は、平戸島と700mほどの幅の辰ノ瀬戸をはさんだ、南北10km、東西2kmほどの島で、平成3（1991）年、生月大橋ができるまで、フェリーが行き来していた。

江戸時代、生月は多くの殉教者を出し、孤立無援の状態での潜伏が続いた。明治5～6年ごろ、黒島の信徒が、生月の潜伏キリシタンにカトリックになるよう働きかけるが、なかなか応じず、カクレキリシタンとして信仰を維持し続け、現在もカトリックの信徒の比率は、少ない。しかし、カクレキリシタンとして組織の維持も難しく、形骸化しているという。現在、明治11（1878）年、平戸にきたペルー神父により洗礼を受けた人々が、山田地区の信徒の祖先である。

白い煉瓦造教会

明治13（1880）年ころには仮聖堂があったらしい。現聖堂は、鉄川与助の設計・施工により、大正元（1912）年に完成した。

山田教会は、当初、本体が漆喰で覆われた煉瓦造で、正面にバラ窓と天主堂の文字が入った木造の玄関が作られていた。昭和45（1970）年、鉄筋コンクリートで玄関部分に方形の塔が増築され、今の形となる。当初の状態を保つ聖堂内は、リブ・ヴォールト天井と円形アーチの窓の高くゆったりとした空間で、外からは簡素な建物に見えるが、内部は本格的な教会である。

建築データ

建物	煉瓦造平屋　190㎡
竣工	大正元（1912）年
設計	鉄川与助
施工	鉄川与助

●〒859-5704
平戸市生月町山田免440-2
Tel：0950-53-0832
Fax：0950-53-0888

●館浦漁港→車5分
●拝観時間　6：00-18：00

古江《ふるえ》教会

教会の保護者：大天使ミカエル

●〒859-5145
平戸市古江町大瀬
●平戸大橋→車15分
●拝観時間：非公開

©inu

古江湾突端の形のよい小富士山の麓の大瀬地区はキリシタンが潜伏していたところ。明治32(1899)年に、リブ・ヴォールト天井のある木造教会が建てられたが、老朽化は避けられず、平成2(1990)年、新聖堂を建立。9戸と、平戸小教区でもっとも小さな共同体だが、信仰の火は力強く灯る。

上神崎《かみこうざき》教会

教会の保護者：日本の信徒発見の聖母

●〒859-5102
平戸市大久保町220
Tel・Fax：0950-22-3340
●平戸大橋→車10分
●拝観時間　常時可能

山本富夫氏提供

明治13(1880)年、黒島から6家族の信徒が、小舟で平戸島の北の泊ノ浦に上陸したことが、教会の始まりという。最初の教会は明治24(1891)年に潮ノ浦に建立。昭和44(1969)年に、白岳の中腹に、現在の教会が建てられ平戸小教区から独立。平成26(2014)年3代目となる新聖堂に建て替えられた。

中野《なかの》教会

教会の保護者：無原罪の聖母

●〒859-5141
平戸市山中町390
●平戸大橋→車20分
●拝観時間　常時可能

©inu

平戸から生月に向かう県道19号線を紐差に折れる途中に中野地区はある。禁教下、キリシタンが農業を営みながら、山奥に肩をよせあって潜伏していた。

昭和27(1952)年にようやく待望の聖堂が建てられた。それまでは、個人宅でミサがささげられていたという。

大佐志《おおさし》教会

教会の保護者：無原罪の聖母

●〒859-5515
平戸市鮎川町字四釜3-40
●平戸大橋→車50分
●拝観時間　要予約（主任教会へ）

©hisa

明治の初め、外海地方から迫害を逃れて渡ってきた信徒たちが、明治19(1886)年に、まず信徒の家でミサに与かり、明治44(1911)年、17戸の信徒たちによって、最初の聖堂が建てられていた。平成6(1994)年、1km離れた町中である現在地に新聖堂が建てられた。

木ヶ津《きがつ》教会

教会の保護者：聖マリアの汚れなき聖心

●〒859-5362
平戸市木ヶ津町577
●紐差→車5分
●拝観時間　常時可能

©mine

明治中ごろ黒島・外海・五島から開拓者として移住してきた殉教者の子孫がくらすところのひとつで、信徒は紐差教会まで4kmの距離をミサのために通っていた。

昭和37(1962)年、古材を譲り受け、現聖堂ができる。

西木場《にしこば》教会

教会の保護者：聖フランシスコ・ザビエル

●〒859-4765
松浦市御厨町米ノ山免206
Tel・Fax：0956-75-0688
●松浦鉄道で田平駅又は御厨駅下車
→徒歩30分
西肥バスで西木場下車→徒歩7分

©mine

昭和24(1949)年に、平戸ゆかりのフランシスコ・ザビエルに捧げて建てられた美しい教会。正面の祭壇には、十字架の上に、ザビエル像がかかげられている。西木場は、明治の末、田平へ開拓のため移住した人々が、さらに移り住んだところである。

御厨《みくりや》教会

教会の保護者：洗礼者聖ヨハネ

●〒859-4752
松浦市御厨町里免126
●松浦鉄道で御厨駅下車→徒歩5分

©inu

当初、田平教会の巡回教会として、北松炭田に働く信徒のために建てられたが、昭和31(1956)年、田平小教区から独立して、西木場小教区が設立され、西木場教会の巡回教会となる。昭和33(1958)年に、現聖堂が建立された。

福崎《ふくざき》教会

教会の保護者：被昇天の聖母

●〒859-4802
平戸市田平町福崎免990
●松浦鉄道で中田平駅下車
→徒歩10分

©inu

外海、黒島、五島から、明治中ごろに移住した信徒の子孫が多い。御厨教会とともに、昭和31(1956)年、田平小教区から独立した西木場教会の巡回教会となる。聖堂は、昭和48(1973)年、愛苦会(お告げのマリア修道会の前身)運営の愛児園が閉鎖後、改築。昭和60(1985)年、現聖堂が新築された。

平戸口《ひらどぐち》教会

教会の保護者：聖母のみ心

●〒859-4825
平戸市田平町山ノ内471-3
Tel：0950-57-1922
●松浦鉄道で平戸口駅下車→
徒歩10分他
●拝観時間　常時可能

©hisa

最初、田平教会の保育園が建てられ、その建物を仮の聖堂として利用していた。ここに住んでいたコロンバン会の司祭によって、昭和27(1952)年に、現在の聖堂が建てられ、昭和35(1960)年に、田平教会より独立している。

佐々《さざ》教会

教会の保護者：聖家族

●〒857-0353
北松浦郡佐々町沖田免1-1
Tel：0956-59-5559
Fax：0956-59-5560
●松浦鉄道小浦駅下車
→徒歩8分
●拝観時間　常時可能

長崎教区広報委員会提供

西九州自動車道の整備などにより、アクセスの容易さと将来的な人工増加を見込んで土地を取得。ここに建つ倉庫を改修して聖堂とし、平成26(2014)年4月27日付けで佐々小教区として設立。この近辺と旧潜竜教会と江迎教会の範囲を担当。

壱部《いちぶ》教会

教会の保護者：絶えざる御助けの聖母

●〒859-5701
平戸市生月町壱部4808-1
●生月大橋→車15分
●拝観時間　要予約

©mine

カクレキリシタンの島と言われ、カトリック信徒は3%程しかいないという生月島でも、壱部地区は特に少ないが、明治12(1879)年頃、黒島の信徒によって、潜伏キリシタンからカトリックになった人々の子孫が、現在の信徒である。聖堂は、昭和39(1964)年に建立。

©inu

九十九島の夕景

豆知識

長崎の鐘…

永井隆著『長崎の鐘』は、被爆し、病気に苦しみながらも、永遠の平和を訴える思いを、瓦礫の中から拾い上げられ再び鳴り出した浦上教会の「アンジェラスの鐘」の音に乗せて広く伝えようとして書かれ、ベストセラーになったもので、映画化され、歌が歌われ、長崎県外の人々が長崎をイメージするキーワードともなりました。大正14（1914）年に吊るされ被爆したその鐘は、教会の双塔の鐘楼で祈りの時を告げながら、今も、浦上を平和の巡礼地として観光地として人々を導いています。

長崎のもう一つの観光地である大浦地区の大浦天主堂の鐘は天主堂の裏手にある木立に囲まれた鐘楼にあります。その鐘を見る機会がありました。木造の小さな鐘楼の天井裏のような2階に鐘はありました。自動化される以前は、上から垂れてくる紐をシスターが体で引っ張り、鐘を鳴らしていたといいます。はしごを伝って上がると縦横1mほどの大きな鐘がありました。鐘は、「フランスのアン市に生まれ…、ボウル·ベル親子によって鋳造された」と語りかけてきました。元治2（1865）年、浦上の信徒がプチジャン神父の前に現れたときには、まだこの鐘が大浦になかったでしょうが、同年に生まれ、フランスから長崎にやってきた鐘なのです。140年の時を経て、いまだ現役の鐘がそこにいました。

長崎電鉄賑橋電停付近に、慶長8（1603）年に病院に併設してサン·ティアゴ教会が建てられました。慶長19（1614）年、禁教令が発せられ、ことごとく教会が破壊されたとき、この教会の鐘は密かに運び出され、いま、大分県の竹田市の中川神社が所蔵し、国指定重要文化財となっています。1612年と鋳造された年が刻まれたその鐘は、たった2年の間しか信者のために鳴らされることはなかったということになりますが、もし、この鐘が語ることができるのなら、受難と復活という400年の長き月日を何と答えるのでしょうか？

名を持ち、「命」を宿している教会の鐘は、その声を天上からふりそそぎ、語りかけています。長崎はとくに多くの天上の声を聞くことができるところ。深く悲しい歴史、たくましく生きた歴史を優しく教えてくれるのです。

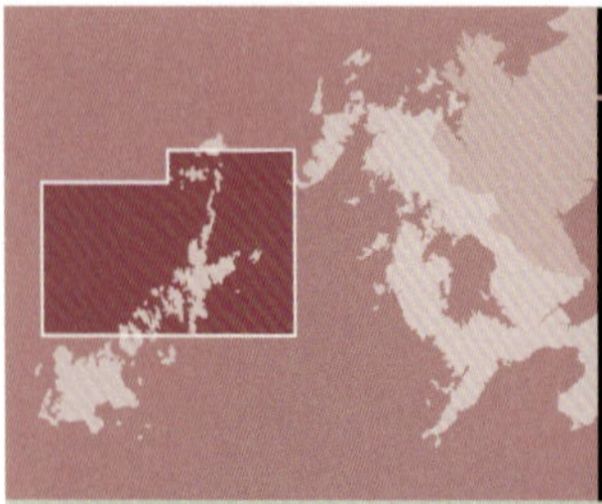

第4章

上五島の教会群

**津々浦々に点在する教会。
櫓を漕ぎ、ミサに訪れる人々を
海辺で教会は待っていた…**

●青砂ヶ浦教会

●頭ヶ島教会

●江袋教会

●旧野首教会

●冷水教会

●中ノ浦教会

●福見教会

●大曽教会

● 猪ノ浦教会 (P.79)
● 焼崎教会 (P.79)
● 大平教会 (P.79)
● 有福教会 (P.79)
● 土井ノ浦教会 (P.73)

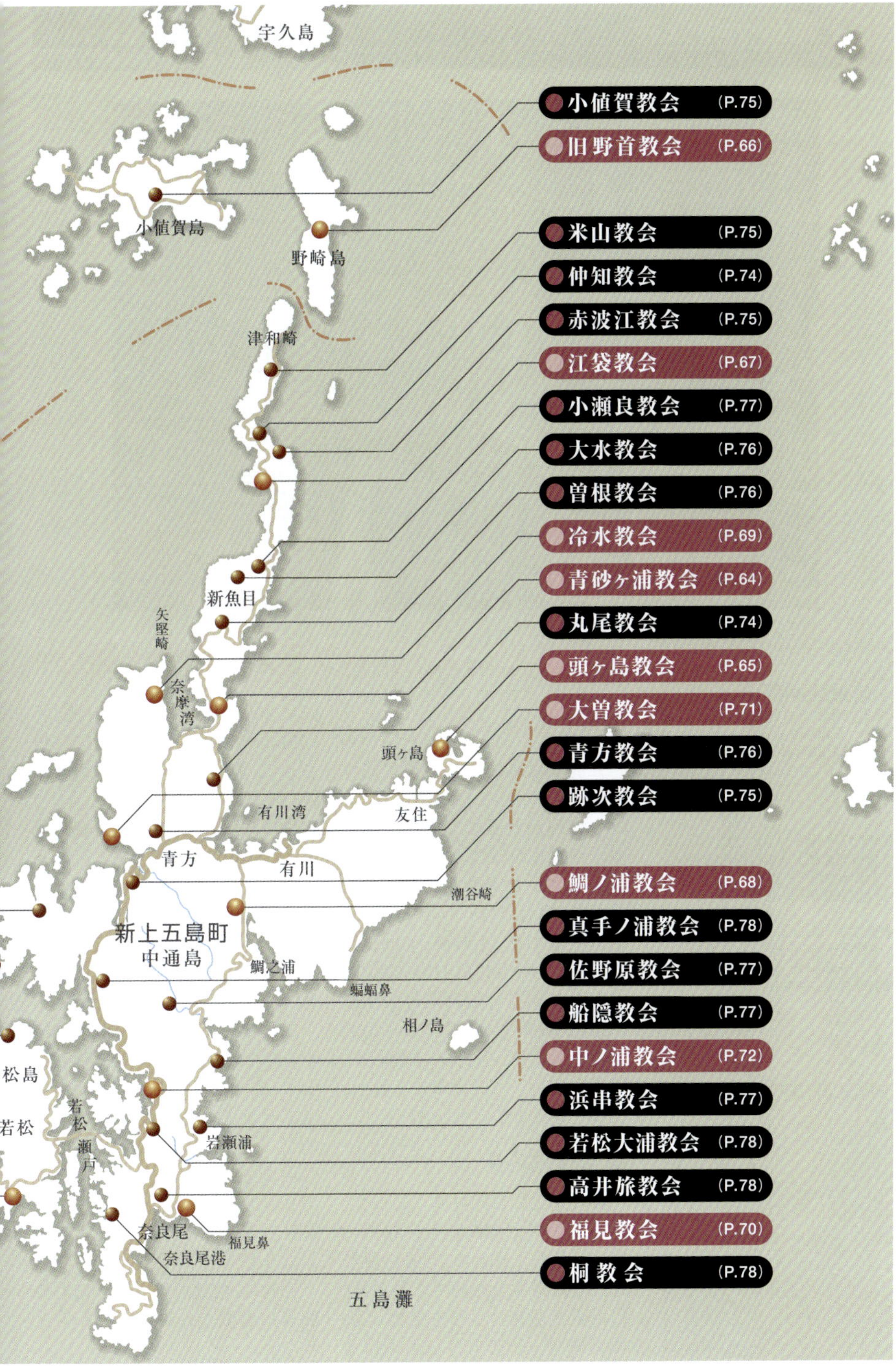
宇久島
小値賀島
野崎島
津和崎
新魚目
矢堅崎
奈摩湾
頭ヶ島
有川湾
友住
青方
有川
潮谷崎
新上五島町
中通島
鯛之浦
蝙蝠鼻
相ノ島
松島
若松
若松瀬戸
岩瀬浦
奈良尾
福見鼻
奈良尾港
五島灘
小値賀教会 (P.75)
旧野首教会 (P.66)
米山教会 (P.75)
仲知教会 (P.74)
赤波江教会 (P.75)
江袋教会 (P.67)
小瀬良教会 (P.77)
大水教会 (P.76)
曽根教会 (P.76)
冷水教会 (P.69)
青砂ヶ浦教会 (P.64)
丸尾教会 (P.74)
頭ヶ島教会 (P.65)
大曽教会 (P.71)
青方教会 (P.76)
跡次教会 (P.75)
鯛ノ浦教会 (P.68)
真手ノ浦教会 (P.78)
佐野原教会 (P.77)
船隠教会 (P.77)
中ノ浦教会 (P.72)
浜串教会 (P.77)
若松大浦教会 (P.78)
高井旅教会 (P.78)
福見教会 (P.70)
桐 教 会 (P.78)

青砂ヶ浦《あおさがうら》教会

国指定重要文化財
教会の保護者：大天使聖ミカエル

©hisa

建築データ
建物　煉瓦造平屋　298㎡
竣工　明治43（1910）年
設計　鉄川与助
施工　鉄川与助

●〒857-4402
南松浦郡新上五島町奈摩郷1241
Tel：0959-52-8011
Fax：0959-52-8558

●榎津港→車15分
奈良尾港→車50分
青方→車10分
●拝観時間　8：00-17：30

内なる光にステンドグラスが温かく輝く…

煉瓦を背負って

五島では外海から迫害を逃れてきたものの、生活は厳しく、禁教令が解かれるまで郷民による弾圧が激しかった。表だった行動をしなかった青砂ヶ浦のキリシタンは、明治11（1878）年にやっと聖堂を建てた。その後、一度改築が行われ、明治43（1910）年に3代目となる現在の煉瓦造教会ができる。信徒たちは、海岸から小高い建設地まで、老若男女を問わず、煉瓦を背負って労働奉仕を行い、教会を作ったという。

建築技術の向上

設計施工の鉄川与助にとって、堂崎天主堂で煉瓦造教会建築の見習いとして関わり、自らの設計施工で野首教会を建てた後の2作目の煉瓦造教会となる建物。正面に尖塔アーチの吹き放ち入口を設け、石材でデザイン的に飾り、内側の主廊の幅分を表面に突出させて、美しさと荘厳さを同時に持たせている。

鉄川与助は、野首教会を建てたあと、建築学会に入会し、短期間のうちに、教会建築の技術を向上させた結果が、青砂ヶ浦教会には現れているという。

祈りの輝き

この教会を夕方訪れ、教会が温かく輝くのを見て驚いた人がいた。ミサのために灯された明かりによってステンドグラスが光っていたのだ。外光が差し込んだ時に教会の内側で見るステンドグラスの美しさとはまったく別の、内なる輝きが、教会から放たれた感じだったようだ。

それは、信徒の祈りによる心の輝きにも似たものだったかもしれない。

頭ヶ島《かしらがしま》教会

世界文化遺産・国指定重要文化財

教会の保護者：聖ヨゼフ

信徒が切り出した石を積み上げて造った教会

建築データ
建物　石造平屋　131㎡
竣工　大正8（1919）年
設計　鉄川与助
施工　鉄川与助

●〒857-4102
南松浦郡新上五島町友住郷
頭ケ島638

●有川港→車20分
●拝観時間　要予約（鯛ノ浦教会へ）

秘密の布教の中心地

幕末まで無人島だった頭ヶ島へ、迫害を逃れて鯛ノ浦のキリシタンが移り住んだ。その後、鯛ノ浦出身で、信徒発見後、布教に全力を注いだドミンゴ森松次郎が神父たちをかくまうために移り住んだ。松次郎が自宅に開いた青年伝道師養成所は、五島の各地から信徒が教理の勉強に訪れていた。しかしこの島へも迫害が迫り、住民は島を脱出し、禁教令が解かれて後、再び島に戻った。

島の石を切り出して

明治20（1887）年に森松次郎の屋敷跡に木造の聖堂が建てられた。その後、石造の司祭館建設で自信を持った大崎八重神父が、設計・施工を鉄川与助に依頼し、明治43（1910）年に、石造の聖堂の建設が始まるが、資金難で工事は中断、大正8（1919）年、現在の聖堂が完成。信徒たちは、石を切り出し、積み上げた。石には信徒たちの刻印が見られる。

聖堂は、列柱を持たないことで、広さを確保しているのが特徴。小規模な教会だが、軒下の鋸歯状装飾や30㎝近くの厚みを持った石材の質感からくる外観の重厚さは見事だ。また、二重の持ち送りによる折上げ天井と花の装飾は、独特の美しさを出している。

静かな島

島は空港ができて、中通島と頭ヶ島大橋で結ばれた。期待に反して人は減ったと土地の人は言った。今、人々は静かにこの島で祖先とともに祈っている。

©hisa（左・右）

旧野首《のくび》教会

世界文化遺産・長崎県指定有形文化財

教会の保護者：聖フランシスコ・ザベリオ

©misawa（左・右）

野生鹿が堂守をする無人島の教会

建築データ
建物　煉瓦造平屋　140㎡
竣工　明治41（1908）年
設計　鉄川与助
施工　鉄川与助

●〒857-4709
北松浦郡小値賀町野崎郷野首

●小値賀港（笛吹港）から
町営渡船「はまゆう」に乗船25分で
野崎港下船→徒歩20分
●おぢかアイランドツーリズム協会
見学申込を（0959-56-2646）

五島の北で

五島列島の北に位置しながら、平戸藩だったので、小値賀島・宇久島とともに北松浦郡になる野崎島には、野首と船森（瀬戸脇）というキリシタンの集落があった。野首は、寛政年間の大村からの五島移住で、野崎島に定住した2家族に始まり、瀬戸脇は、大村の海岸で明日処刑されるという3人を小値賀の船問屋が連れ帰り移住させたのが始まりという。

禁教令廃止後も、貧困の連続だったが、それぞれに木造の教会をつくり、その後、野首では明治40（1907）年、18戸の信徒が結束して、本格的教会建設が始まる。信者たちは寝食削って資金をつくり、明治41（1908）年、教会は完成した。

中世の城壁のような…

鉄川与助にとって初めての煉瓦造教会。鐘塔はもたないが、正面前面を玄関部とし、正面の柱頭の頂部などには、城壁の物見櫓のような装飾物、正面両脇の頂部にも百合の紋章に似た装飾物があり、中世ヨーロッパの建築を思わせる。

去った人々の面影を求めて

瀬戸脇は昭和41年に、野首は昭和46年には全員移住して、いま野崎島は無人となっている。高度成長下で、現金収入が乏しい島での生活は不可能で、離島せざるを得なかった。

残された野首教会は一時荒廃するが、現在、小値賀町が廃校を利用して研修施設を作り、教会を整備した。肉生産のために飼育されていた鹿が野生化して草を食み、芝刈りでもしたかのように整然とした段々畑跡が美しい。住居跡の石垣の中に、教会が美しく静かに聳えるのを見て、かつての住民に思いを馳せる。

江袋《えぶくろ》教会

教会の保護者：イエズスのみ心

©hisa(左・上・下)

焼失前の江袋教会堂

五島に残る最古の木造教会だった

苦難を乗り越え

中通島の北に向かって細長く伸びる半島の途中、東シナ海にむかって江袋教会はある。この地区は、寛政年間に彼杵半島の神ノ浦の夫婦が移住してきたのが始まりで、五島出身の最初の神父となる島田喜蔵神父は、ここに生まれ、慶応3(1867)年に洗礼を受けている。当時はまだ、神棚をまつり、自由な信仰の日々を、息を潜めて待っていた時代だったようだ。

禁教令廃止後も迫害を受ける事件がおきるが、明治15(1882)年、ようやく信徒は苦難を乗り越え、総力をあげて、江袋教会をつくったが、平成19(2007)年焼失した。平成22(2010)年に残存部を生かし、修復された。

無名の大工の渾身の作

聖堂は、木造の変形寄棟造りで、中は、横に幾分張り出した四角形の三廊式、中央祭壇には、尖頭アーチの縦長窓と丸窓、側面にも尖頭アーチ形の鎧戸付きの窓、入口の上には、主廊側廊とも板張りのリブ・ヴォールト天井である。

神父たちの指導をうけながら、持つ技術を最大限使って、懸命に洋風建築に取り組んだであろう無名の大工の思いを感じさせる建物であった。

小さな天空

外側からみると、一見普通の民家の造りにも見えるが、ひとたび聖堂のなかに足を踏み入れると、まったくの別世界で、小さいことを感じさせない。聖堂としての要素をしっかりともった建物だった。

全国の再建を望む人々から寄付が寄せられ、平成22(2010)年5月9日修復が完了し、落成・祝別された。

建築データ
建物　木造平屋　195㎡
竣工　明治15(1882)年
設計　不詳
施工　不詳

●〒857-4602
南松浦郡新上五島町曽根郷
字浜口195-2

●青方→車45分

鯛ノ浦《たいのうら》教会

教会の保護者：聖家族

旧浦上天主堂の被爆煉瓦を積み上げた鐘塔

建築データ
建物　木造平屋　200㎡
竣工　明治36（1903）年
設計　不詳
施工　不詳

●〒853-3321
南松浦郡新上五島町
鯛の浦326
Tel・Fax：0959-42-0221

●有川港→車10分
鯛の浦港→車3分
奈良尾港→車50分
●拝観時間　要予約

恵まれない子どものために

この地区は、幕末から明治にかけて上五島のキリシタンたちの指導者として活躍したドミンゴ森松次郎の出身地で、彼は慶応3（1867）年に、密かに長崎からクーザン神父を案内し、11日間の滞在の間に鯛ノ浦から頭ヶ島にかけて宣教活動を行っている。

信徒発見後も「鯛ノ浦の六人切り」と言われる残忍な事件がおきるなど、キリシタンたちへの迫害は続いたが、禁教令が解かれたのち、明治13年（1880）年、大浦の司教館からブレル神父が鯛ノ浦に派遣され、まず、恵まれない子どものための養育院が建てられ、翌年、最初の天主堂が建てられる。

戦争の影

その後、明治36（1903）年、ペルー神父の指導により、現在地に旧聖堂が建てられたが、第2次世界大戦中、鯛ノ浦港に特攻基地が設けられたことから、旧聖堂は基地司令部となった時期がある。

終戦後、昭和24（1949）年、煉瓦造りの鐘塔が増築される。このとき、旧浦上天主堂の被爆煉瓦が使われたという。しかし潮風のため、建物の破損が著しく、不漁続きの不況の最中ながら、信徒たちの巨額の拠出によって、昭和54（1979）年に、新聖堂が建てられ、旧聖堂は、図書館などのほか信仰教育の“けいこ場”として残されている。

この旧聖堂は、板張りの外壁と煉瓦造りの鐘塔との組み合わせがモダンな洋館の雰囲気を出している。被爆煉瓦に触れながら、日曜学校でシスターの話に耳を傾ける子どもたちの姿に心なごむ時間を体験するのもいい。

©hisa　旧聖堂

©hisa　旧聖堂内部

©minewaki　新聖堂

冷水教会

ひやみず

教会の保護者：聖ヨゼフ

©minewaki

©hisa

鉄川与助が初めて建てた木造教会建築

カトリック信者の受難

冷水教会は、奈摩湾《なまわん》を挟んで青砂ヶ浦教会と相対する教会で、かつて冷水地区の人々は、舟をこいで、対岸の青砂ヶ浦教会までミサにでかけていた。

この地区も外海地方から移住してきた人々が信徒の先祖で、潜伏キリシタンとして信仰を守り続けてきたが、頭ヶ島のドミンゴ森松次郎の布教により、カトリックとなるが、明治元(1868)年、信徒12人が役所に引き出され拷問にあうなど、しだいに迫害が激しくなり、信徒たちはこの地を離れもどらなかったという。

ふるさとに原点あり

あらたな移住者によって明治40(1907)年に、現在の冷水教会ができた。大崎八重神父、ペルー神父の指導により、それまでペルー神父に大工として西洋建築技術を教わり、その技術を認められた鉄川与助が設計施工した。長崎の教会建築の第一人者である鉄川与助にとって、自身で設計施工した最初の教会建築となる記念すべき教会である。

鉄川与助は、近くの丸尾郷の建設業を生業とする家に生まれ、自ら信徒になることはなかったが、教会建築に生涯を捧げた原点がここにある。冷水教会は与助の習作といわれ、専門的には欠点も目立つという。

優しさに包まれて…

奈摩湾を見下ろす見晴らしのよい場所に建つ冷水教会は、荘厳というより、可愛らしい印象の木造教会。単層の屋根についた八角の塔と、白い下見板張りの外壁が、優しい姿を作り出している。

建築データ
建物　木造平屋　177㎡
竣工　明治40 (1907) 年
設計　鉄川与助
施工　鉄川与助

●〒857-4401
南松浦郡新上五島町網上郷623-2
Tel：0959-52-4760

●榎津港→車20分
奈良尾港→車50分
上五島空港→車50分
青方→車10分
●拝観時間　8：00-17：30

福見《ふくみ》教会

教会の保護者：聖フランシスコ・ザビエル

建築データ
建物　煉瓦造平屋　242㎡
竣工　大正2（1913）年
設計　不詳
施工　不詳

●〒853-3102
南松浦郡新上五島町福見

●奈良尾港→車10分
●拝観時間　常時可能

教会の庭から五島灘が見える

迫害を逃れて脱出

福見峠バス停から歩行者用の階段を降りると、教会の裏手に出る。教会は、五島灘にむかって煉瓦造の姿を堂々と見せ、近くに住む、お告げのマリア修道会のシスターが、朝昼夕欠かすことなくつく鐘の音が鳴り響く平和な里である。

寛政年間に、外海の樫山などから移り住んだキリシタンの子孫が、明治初年の五島崩れの際は、追求される前に、9家族50人で船に乗り、福見を脱出した。しかし先祖の故郷の外海には戻れず、黒島、生月などにやっとの思いでたどりついたという。そして苦難の末、福見にもどると、家財道具を略奪され、住める家もなくなっていた。

痛む教会

まず明治11（1878）年に木造教会を建てるが、大風により大破してしまい、大正2（1913）年に、現在地に煉瓦造教会を建設する。しかし、厳しい自然条件の中では、老朽化が激しく、たびたび改築を余儀なくされたようで、内陣部は鉄筋コンクリートで、増築されている。煉瓦造教会としては唯一の折上げ天井も、当初はリブ・ヴォールト天井であった可能性も高いという。

海を見ながら教会と語る

南に面して五島灘が広がるが、この地区はその南を断崖に阻まれて良港には恵まれていない。その代わり平地であるため、幸いにも農業は盛んだった。信仰という遺産を守り抜くために、畑地を耕し様々な努力が続けられてきたことを、この教会は静かに語っている。

©hisa

大曽《おおそ》教会

教会の保護者：イエスの聖心

石油備蓄基地となったキリシタンの島を望む

建築データ
建物　煉瓦造平屋　251㎡
竣工　大正5(1916)年
設計　鉄川与助
施工　鉄川与助

●〒857-4404
南松浦郡新上五島町青方郷
2151-2
Tel：0959-53-1920
Fax：0959-53-1921

●青方→車5分、徒歩30分
●拝観時間　常時可能

濃密な信仰の地

地区の住民がほぼ100％カトリックであるという大曽地区は、外海地方から移住してきたキリシタンの子孫で、禁教令が廃止されてから、全員が、潜伏キリシタンからカトリックとなった。現在でも、昔ながらに信仰を中心とした生活のリズムが保たれている地域である。

八角ドーム第１号

明治12(1879)年に、まず木造教会が青方郷裏迫に建てられたという。明治末期ころから煉瓦造教会建設の気運が高まり、5つの集落の33戸の信徒が資金作りに励み、大正5(1916)年に完成している。指導は大崎八重神父、設計施工は鉄川与助による。

この聖堂の完成により、それまで使用していた木造教会は、若松島の土井ノ浦教会として移設。

大曽教会は、鉄川与助の煉瓦造教会建築に特徴的な八角ドーム屋根の鐘塔を乗せた第1号である。外壁は、要所要所に、鋸上装飾が施され、円形アーチの縦長窓が配されて、煉瓦造り鐘塔のずっしりとした重量感のなかに、暖かさ、優しさを醸し出している。

島に残された教会を偲ぶ

教会から望む青方湾の入口にある折島は、かつて大曽教会の巡回教会があったキリシタンの島だった。生活や教育の問題から、島民は、昭和51(1976)年に集団移住している。昭和63(1988)年に、島に世界ではじめての洋上石油備蓄基地が建設された大曽教会に向かう道から洋上に石油基地を望むことができる。

©hisa(左・右)

中ノ浦《なかのうら》教会

教会の保護者：おとめ聖マリア

©misawa

©hisa

建築データ
建物　木造平屋　218㎡
竣工　大正14（1925）年
設計　不詳
施工　不詳

●〒853-2303
南松浦郡新上五島町宿ノ浦郷
中ノ浦
Tel：0959-45-3936

●奈良尾港→車25分
●拝観時間　常時可能

パズルのような壁面の花装飾が美しい

閑静な入り江の風景

小さな入江に建つ中ノ浦教会は、静かに溶け込む対岸からの風景が絵画的で美しいところである。

この地区の信徒の祖先は、寛政年間に外海の黒崎から移住してきたキリシタンだが、現在、主任教会のある桐古里が、伝道師ガスパル下村与作の出身地であったことから、明治初め五島崩れで迫害が激しかったところのひとつ。

シンボリックな十字架植物

中ノ浦教会は、大正14（1925）年、建てられた。建物は、後から増築された鐘塔を持つが、特別な装飾がなく、シンプルな重層屋根の木造教会である。内部は、シンプルながらも、主廊は折上げ天井、祭壇部が漆喰仕上げのリブ・ヴォールト天井で、主廊と側廊の間の壁面に、五島のシンボルである椿のような赤い十字架植物と緑の葉のデザインがダイナミックに配置され、一度見たら忘れられない印象的な教会である。

細石流に習って…

この教会は、下五島の久賀島の今は廃堂となった細石流《ざざれ》教会を手本にしているという。細石流は、久賀島の信仰の拠点だったところで、激しい弾圧を経験した信徒たちの「五島で一番美しい聖堂を造りたい」という願いを形にしたもので、頭ヶ島の次に、大正9（1920）年、鉄川与助が取り組んだ折上げ天井の木造教会だった。

中ノ浦教会を建てた棟梁の名は分からないが、細石流教会の壁面に椿のような花と葉のデザインが施された折上げ天井の写真を見ると、美しさは、神聖さに通じているということを感じさせる。

土井ノ浦教会

どいのうら

教会の保護者：イエズスのみ心

包み込まれて今も残る旧大曽教会

島原の乱に消えた人々…

土井ノ浦の東の神部《こうべ》という集落に、山田九郎右衛門《やまだくろうえもん》を首領とする180戸のキリシタンがいたが、島原の乱に全員が従軍して誰も帰らなかったという。その後の迫害で五島の信徒は消滅してしまうが、それは若松島でも例外でなく、現在の信徒の先祖は、その後、寛政年間の大村藩からの移住者である。

旧大曽教会は現役で働く

明治25(1892)年に仮教会をつくったが、青方村の大曽教会が煉瓦造の新教会をつくったとき、使用されなくなった木造の旧教会を買い受けて、大正7(1918)年に、移築・献堂している。その後、昭和35(1960)年、続いて平成9〜10(1997〜8)年に大改修が行われ、現在の土井ノ浦教会となる。

正面入口は大改修のときに鉄筋コンクリートで改築しているが、漆喰仕上げのリブ・ヴォールト天井を持つ主廊と側廊、祭壇部は木造教会の姿をとどめている。アーケード(柱廊)の上に壁の下地材である横木を表面に見せるのは、明治初期の教会建築の特徴だが、第2柱頭を設けたり、窓の形や天井などが、尖頭形でなく円形であることなどから、この旧大曽教会は、明治後期に建てられたものらしい。

俗世を離れた…

平成3(1991)年、若松大橋によって中通島と結ばれ、長崎本土への輸送や生活の便が向上したが、それまで、船での行き来だけが交通手段の、五島の離れ小島だった。教会は、そんな若松島の土井ノ浦漁港を見下ろす高台にある。漁港に対して海上を右手に進むと、キリシタン洞窟がある。ここは、今も陸路がない。

建築データ
建物　木造
（正面を鉄筋コンクリート等で改築）　180㎡
竣工　明治44(1911)年ころ
（内部の旧大曽教会）
設計　不詳
施工　不詳

●〒853-2301
南松浦郡新上五島町若松郷853
Tel・Fax：0959-46-2126

●土井の浦港から徒歩3分
●拝観時間　常時可能

©hisa(左・右)

丸尾《まるお》教会

教会の保護者:王であるキリスト

●〒857-4513
南松浦郡新上五島町丸尾郷940
Tel:0959-54-1700
Fax:0959-54-1701

●青方→車10分

©mine

外海地方から迫害を逃れて移住してきたキリシタンの子孫たちが住んでいるところで、約20戸ほどの信徒の家族が集まる集会所「家聖堂」が明治32(1899)年ころまであった。青砂ヶ浦教会が大崎神父のとき、五島灘を望む丸尾の丘に、漁港に出入りする船の安全を願うように、白亜の教会が建てられた。現在の教会は、昭和47(1972)年に建てられ、青砂ヶ浦小教区から独立する。

仲知《ちゅうち》教会

教会の保護者:聖ヨハネ五島

●〒857-4604
南松浦郡新上五島町津和崎郷991
Tel:0959-55-8037
Fax:0959-55-8035

●青方→車50分
●拝観時間　常時可能

©hisa

明治15(1882)年に、江袋に現在の聖堂ができたとき、江袋教会が主任教会となるが、昭和7(1932)年ごろ、仲知教会が主任教会となる。現在の教会は、昭和53(1978)年に、信徒一戸あたり140万円という拠出と労働奉仕によって建てられたものである。

この新しい教会のステンドグラスには、キリストとともに、この地区の人々の姿も見られる。

©minewaki

頭ヶ島教会下のキリシタン墓地

米山《こめやま》教会

教会の保護者：聖アンドレア

●〒857-4604
南松浦郡新上五島町津和崎郷589-14
●青方→車50分
●拝観時間　常時可能

©hisa

米山地区には、洗礼名簿によると明治22(1889)年に天草から赴任してきたデュラン神父によって聖アンドレア教会と記された祈祷所が、急坂の山道を歩いて登る山の上にあったらしい。その後、明治36(1903)年に2代目の聖堂が、昭和52(1977)年の現聖堂が建立された。

赤波江《あかばえ》教会

教会の保護者：聖ヨゼフ

●〒857-4603
南松浦郡新上五島町立串郷
字谷ノ坂子1899
●青方→車50分
●拝観時間　常時可能

©mine

明治の初めごろ、小さなキリシタンの集落だった赤波江で、水方の役をしていたが、長崎で洗礼を受け、カトリックの教えを学び、もどって伝道活動を行った人が2人もいたという。また、伝道婦となって、地域の人々の信仰復活のために生きた少女もいたという。

小値賀《おぢか》教会

教会の保護者：聖フランシスコ・ザベリオ

●〒857-4701
北松浦郡小値賀町笛吹郷字段地
2679-1
●小値賀港→徒歩20分、車5分
●拝観時間　常時可能

写真提供：小値賀町観光協会

小値賀教会は、となりの野崎島の野首教会の巡回教会として昭和35(1960)年に創立した教会だが、昭和46(1971)年までに野崎島の住民が全員、集団移住したため、野首教会が閉鎖され、小値賀小教区を経て、昭和47(1972)年に仲知教会の巡回教会となった。

跡次《あとつぎ》教会

教会の保護者：海の星の聖母

●〒857-4413
南松浦郡新上五島町跡次
●青方→徒歩30分、車5分
●拝観時間　常時可能

©hisa

明治12(1879)年、大曽や丸尾の8人の漁師が跡次の納屋に入居し、信仰の地区となった。昭和7(1932)年に鯛ノ浦教会の巡回教会として聖堂が建立され、大曽小教区ができたとき、大曽教会の巡回教会となった。昭和57(1984)年、現在地に現聖堂が建立された。

青方《あおかた》教会

教会の保護者：聖家族

●〒857-4404
南松浦郡新上五島町青方郷511-1
Tel：0959-52-8490
Fax：0959-52-8505

●青方港→車5分
●拝観時間　常時可能

©TCA

昭和50(1975)年、青方地区信徒のために旧聖堂が、平成12(2000)年、現在の聖堂が建立された。この地区は、昭和63(1988)年に、世界ではじめての洋上石油備蓄基地が建設された折島からの集団移住者が住む折島団地のほか、熊高・樽見に町の施設を作るために集団移住してできた熊高団地・樽見団地の信徒が集まってくる。彼らのふるさとは、朽ちていく聖堂を持つキリシタンの里だった。

曽根《そね》教会

教会の保護者：無原罪の聖母

●〒857-4601
南松浦郡新上五島町小串郷1028
Tel・Fax：0959-55-2128

●有川港→車30分
●拝観時間　常時可能

©hisa

赤岳と呼ばれる曽根火山があり、上五島唯一の温泉がある地区にある教会。東に五島灘、西に東シナ海と、美しい大自然に囲まれ、西海国立公園に含まれる。高台になったところから両方の海が見おろせる。

昭和44(1969)年、青砂ヶ浦教会から独立し、昭和46(1971)年には、仲知教会から分離した大水教会、小瀬良教会が、曽根教会の巡回教会となる。

大水《おおみず》教会

教会の保護者：聖ミカエル

●〒857-4602
南松浦郡新上五島町曽根郷大水

●有川港→車40分
●拝観時間　常時可能

©TCA

先導的立場の人たちがいない潜伏キリシタンの村だった大水は、迫害をうけなかった。その代わりに、カトリックへの信仰復帰は、他の地域に比べて遅くなったところだったが、明治8年ころまでには、近隣の伝道師たちの指導もあって、多くの人が、長崎で洗礼を受けて、カトリックの信徒となっているという。静かに潜んでいた村に、明治という新しい時代が、そのような形でやってきた。

小瀬良《こぜら》教会

教会の保護者：聖ヨゼフ

©hisa

五島藩が異国船を監視する遠見番所を設置していた番岳の麓の小瀬良地区にある教会。

東に有川湾が広がり、番岳を背にした自然に囲まれた地で、17戸の信徒が、にこやかに信仰心篤く生活している。

●〒857-4603
南松浦郡新上五島町立串郷小瀬良
●有川港→車40分
●拝観時間　常時可能

船隠《ふながくし》教会

教会の保護者：ロザリオの聖母

©hisa

乗ってきた船をかくしたことが「船隠」という地名の由来。明治16(1883)年にパリ外国宣教会のフレノー神父が、この船隠の民家でミサを行ったのが信仰の地域としてのはじまりで、昭和2(1927)年に民家を買い取り、教会とした。昭和31(1956)年、現聖堂が建立された。

●〒853-3323
南松浦郡新上五島町東神の浦郷船隠48-11
Tel・Fax：0959-42-2370
●有川港→車35分
●拝観時間　要予約

佐野原《さのはら》教会

教会の保護者：聖ペトロ

©hisa

佐野原の南の中ノ浦の信徒が移住してきたのがキリシタン集落のはじまり。一時、信徒の数は減っていたが、戦中戦後に増えている。昭和25(1950)年に仮教会を作り、ようやく昭和38(1963)年、本格的な教会を建立したが、慶応年間に入植してから百年の歳月がたっていた。

●〒853-3323
南松浦郡新上五島町東神の浦郷佐の原
●有川港→車35分

浜串《はまぐし》教会

教会の保護者：聖マリア・マグダレナ

©hisa

文化12(1815)年頃、外海の樫山から小舟で渡り、潜伏していたキリシタンが先祖。明治12(1879)年、教会建立が計画され、鯨捕獲の利益金で、明治32(1899)年に、最初の教会が建てられた。現聖堂は、昭和42(1967)年、現在地に建立。浜串港入口には、希望の聖母像が立っている。

●〒853-3102
南松浦郡新上五島町岩瀬浦郷724
Tel：0959-45-3032
Fax：0959-45-3052
●奈良尾港→車25分
●拝観時間　常時可能

高井旅《たかいたび》教会

教会の保護者：無原罪の聖母

©minewaki

外海の樫山から角力灘を小舟で渡った3家族がこの高井旅に入り、子孫が信仰を守りながら隠れ住んでいた。昭和13(1938)年に、100名ほどのカクレキリシタンがカトリックとなり、昭和36(1961)年にようやく聖堂が建立された。眼下には、海水浴場としてにぎわう高井旅海岸がひろがる。

●〒853-3101
南松浦郡新上五島町奈良尾郷高井旅
●奈良尾港→車10分
●拝観時間　常時可能

桐《きり》教会

教会の保護者：聖ペトロ

©hisa

昭和33(1958)年に改築されているが、100年近い歴史を刻んだ建物である。この地区も外海から移り住んだ人々が先祖で、下村善七《しもむらぜんしち》、ガスパル与作親子らが、カトリックへの移行の指導者となった。ガスパル与作は、プチジャン神父の教えを長崎で受け、自宅を仮教会、伝道学校としても開設した。

●〒853-2302
南松浦郡新上五島町桐古里郷357-4
Tel・Fax：0959-44-0006
●奈良尾港→車10分
●拝観時間　常時可能

若松大浦《わかまつおおうら》教会

教会の保護者：イエスのみ心

写真提供：新上五島町役場

創立は、大正15(1926)年。現聖堂は、昭和20年代に民家を買い取ったもの。平成2(1990)年に増改築された。正方形に近い(長方形の)聖堂の祭壇の後方には、地区の信徒が、新婚当時に彫ったという、ふくよかな優しさあふれる日本人女性の顔立ちをしたマリア像がある。

●〒853-2303
南松浦郡新上五島町宿ノ浦郷大浦
Tel：0959-45-3949（取次）
●奈良尾港→車20分
●拝観時間　常時可能

真手ノ浦《まてのうら》教会

教会の保護者：聖ヨゼフ

©hisa

十字架に見立てて天主堂の文字を入れた五島の人々の信仰を象徴する椿が正面に配された教会。この地区も外海から移住した信徒を先祖に持つ土地である。現在の聖堂は、昭和31(1956)年に建てられ、昭和50(1975)年に桐小教区から分離独立した。

●〒857-4413
南松浦郡新上五島町今里郷495-2
Tel・Fax：0959-52-3721
●奈良尾港→車30分、青方→車10分
●拝観時間　要連絡

焼崎教会《やけざき》

教会の保護者：聖アンナ

●〒857-4414
南松浦郡新上五島町飯ノ瀬戸郷焼崎
Tel：0959-52-2952
●青方→車20分
●拝観時間　要連絡

©minewaki

迫害のなか、信仰を守り続けてきた人々がすむ焼崎の浜に、昭和25(1950)年にようやく待望の教会が建立され、昭和44(1969)年に現在の形に改築されている。また、昭和50(1975)年、桐教会の巡回教会から、真手ノ浦教会の巡回教会となった。

猪ノ浦教会《いのうら》

教会の保護者：聖イシドロ

●〒857-4415
南松浦郡新上五島町続浜ノ浦郷猪ノ浦805
●青方→車20分
●拝観時間　要連絡

©minewaki

迫害下をくぐりぬけた信徒が明治の中ごろ、この猪ノ浦に移り住み、ミサは、大曽教会へ舟で行っていたが、昭和22(1947)年、猪ノ浦に教会を建立。昭和26(1951)年に、大曽教会の巡回教会となるが、昭和50(1975)年、真手ノ浦教会の巡回教会となる。現聖堂は、平成元(1989)年に建立されたもの。

有福教会《ありふく》

教会の保護者：聖フランシスコ・ザビエル

●〒853-2313
南松浦郡新上五島町有福郷
Tel：0959-46-3307
●若松港から車で20分

©minewaki

若松島の西北の有福島にあり、海に面しているので、風を避け、階段を登った山合いに建つ。外海から移住したきたキリシタンを先祖にもつ信徒たちが昭和2(1927)年に建てた木造で重層屋根、三廊式、平天井の教会。学校の教室のようなシンプルな空間で、改築が繰り返されている。

大平教会《おおびら》

教会の保護者：被昇天の聖母

●〒853-2311
南松浦郡新上五島町大平
Tel：0959-46-2303
●奈良尾港→車30分

©hisa

若松島の最北にある大平地区は、対岸の焼崎地区同様、迫害をくぐり抜けた人々の子孫が住む地域。

明治25(1892)年に最初の教会を建立し、老朽化にともない、昭和33(1958)年に、現在の聖堂に建てなおした。

長崎の消えた教会

人が集まったところにできる建物は、人がいなくなると維持できないのも当然。集団移転、経済事情などで人々が立ち退くと、そのあとに残った聖堂は、周りの雑草のなかにしだいに取り込まれていく運命にありました。

天に伸びる旧神崎教会　©hisa

◆旧神崎教会

平成16(2004)年、日本本土最西端の碑がある神崎岬に行く途中にあった旧神崎《こうざき》教会は、消えました。黒島から移り住んだキリシタンの子孫が、昭和5(1930)年に建てた鉄筋コンクリート造の天に伸びるたくさんの尖塔が特徴的なゴシック様式の美しい聖堂でした。老朽化のため、新しい聖堂が建てられ、役目を終えた建物は、惜しまれながら取り壊されました。

立谷教会跡／入口ではミニチュア教会が出迎える©TCA

◆細石流教会

五島市久賀島の久賀湾を右手に行った北の突端の細《ざ》石《ざ》流《れ》には、大正9(1920)年に鉄川与助の設計によって建てられた木造教会がありました。これは中通島の中ノ浦教会を建てるときの手本としたことを特徴づける赤い十字の花文様が印象的な折上げ天井の美しい聖堂でした。キリストの生誕地ナザレの響きにも似た細石流でも、信徒が自ら資材を運びあげ、聖堂をつくりあげましたが、過疎化の波に洗われ、住人が消えてしまったところです。散在する材木の中に、かつての聖堂の扉のアーチなどを見ても、その状況を否定も肯定もできない傍観者とならざるをえないでしょう。

◆立谷教会

五島市玉の浦町の立谷地区には、国宝大浦天主堂

折島教会／島は今、洋上石油備蓄基地の一部
写真提供：白浜忠美氏

熊高教会／人が去り、草むらに溶け込んでいく…
「大曽カトリック教会100年のあゆみ」より

の次に建てられたともいわれる木造教会がありました。当初は楽廊やステンドグラスもあったリブ・ヴォールト天井の三廊式の聖堂でした。老朽化のうえ、昭和62(1987)年の台風で打撃をうけ、自然崩壊。教会跡には、平成11(1999)年、かつて教会があったことを紹介する案内と自然石の祭壇が作られ、マリア像が安置されています。道路際には、教会のモニュメントがあります。

◆移住や工業化の荒波に消された教会

新上五島町の折島は、世界ではじめての洋上石油備蓄基地となった島で、島民は対岸の青方に集団移住しています。熊高、樽見地区も町の集団移住で、青方に出身の地区の名前の付いた団地ができていますが、これらの地区にも、昭和のはじめにつくられた教会がありました。

五島市の姫島にも、大正7(1918)年に教会が建てられましたがブラジル移民などで昭和40(1965)年には無人島になり、島民は、対岸の三井楽教会の墓地に墓を移し、先祖の苦労を忘れないための信仰の碑を作っています。

明治36(1903)年頃に建てられた五島市の大泊教会は、老朽化と昭和43(1968)年に浦頭教会ができたことで、廃堂となりました。

長崎市香焼町にあった蔭の尾教会は、三菱重工香焼工場建設にともない、信徒とともに移転して、現在の香焼教会ができ、なくなりました。

消えた教会の跡を訪れるとき、地区の歴史とともにあった人々の篤い信仰に思いをはせることも、必要なことのような気がします。

細石流教会／美しい椿のレリーフがあった

「長崎大司教区 100年のあゆみ」より

蔭ノ尾教会／今は船をつくるドックが見える

「長崎大司教区 100年のあゆみ」より

三井楽教会墓地の姫島産御影石の信仰の礎

「姫島(川上茂樹著)」より

地区の人々の心を支えた大泊教会

「浦頭小教区史」より

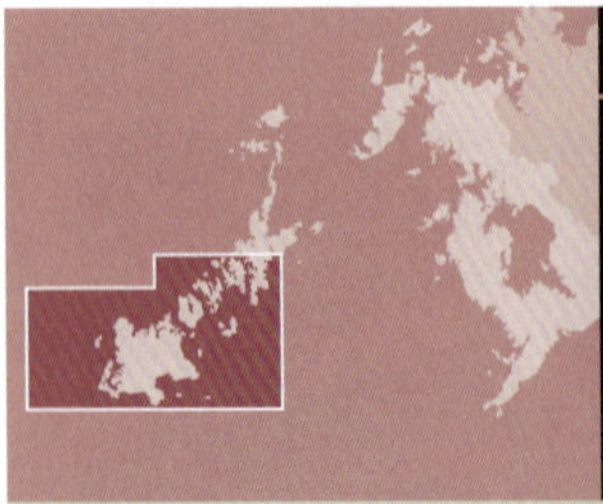

第5章

下五島の教会群

**木彫りの赤いツバキが柱や壁に輝く。
迫害の苦しみを、波の音、風の音で打ち消して
今日も息づく祈りの場**

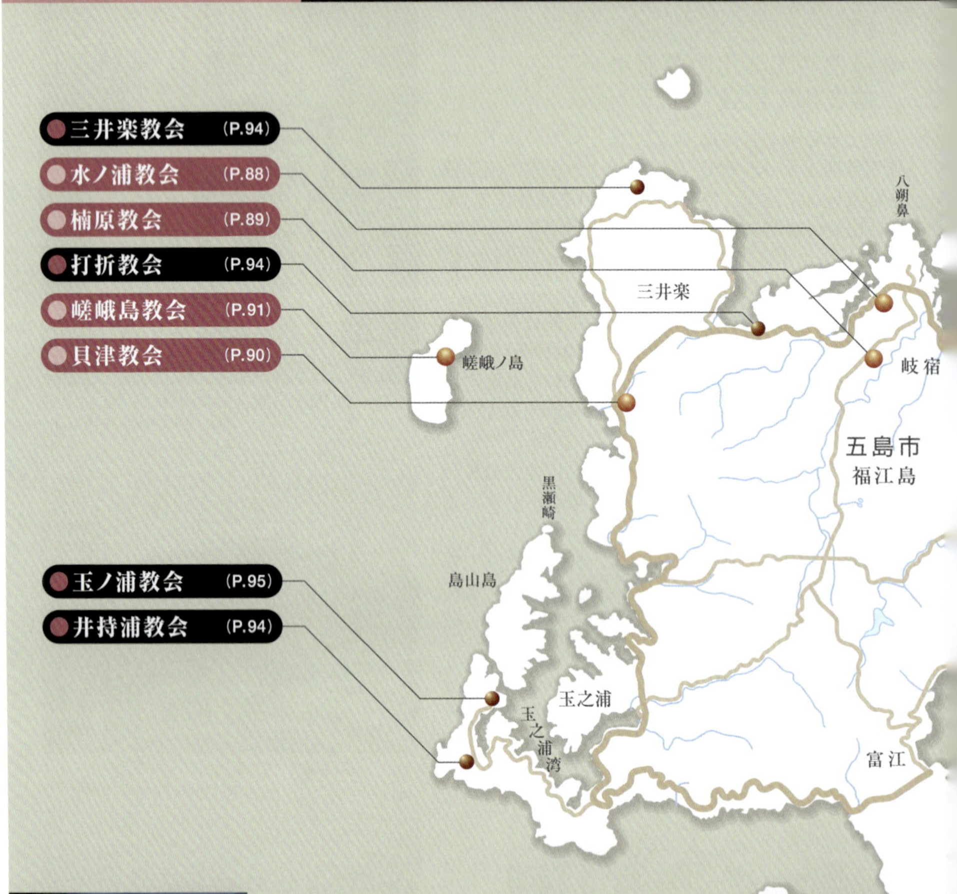

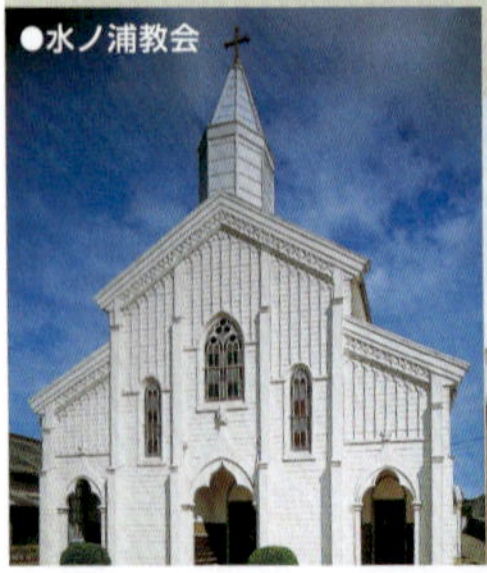
●水ノ浦教会

●楠原教会

●嵯峨島教会

●貝津教会

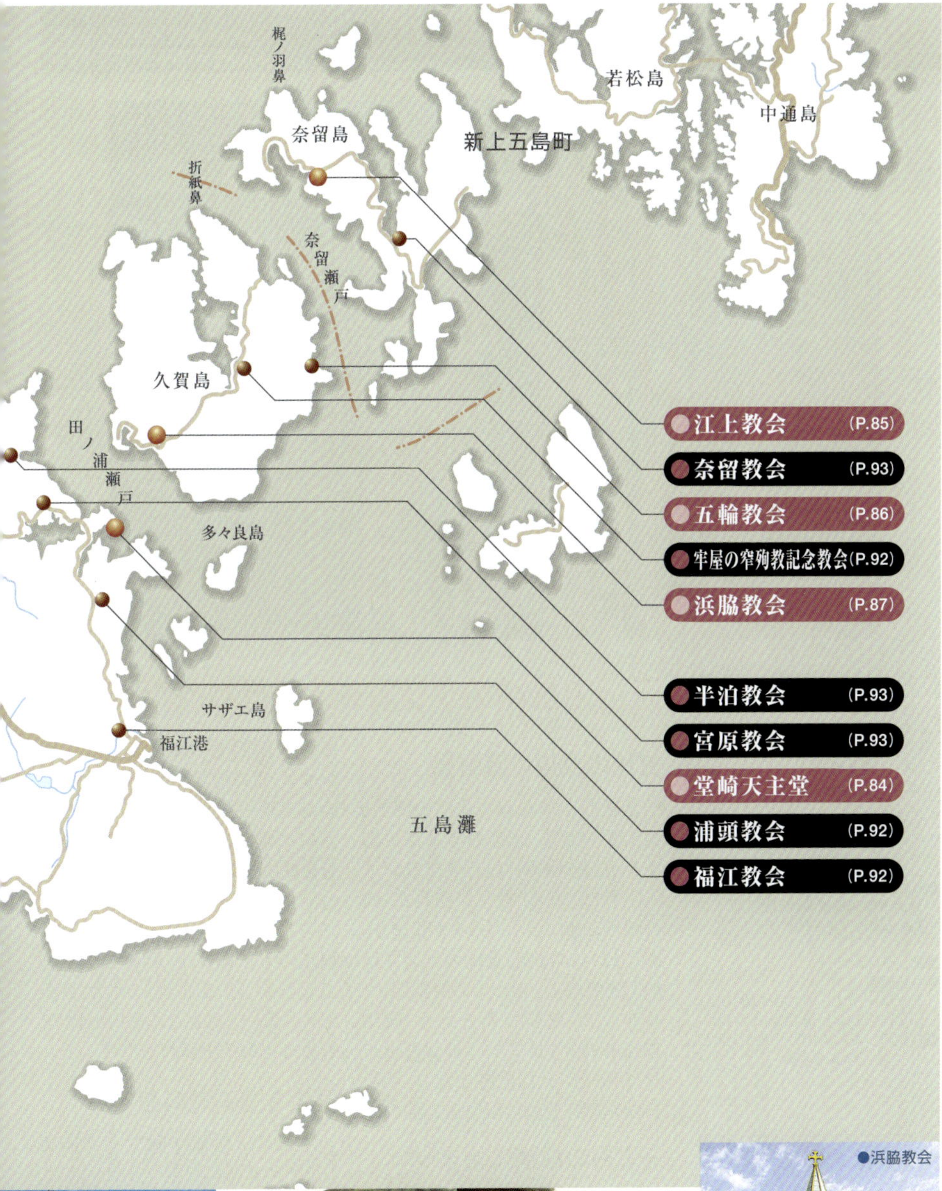

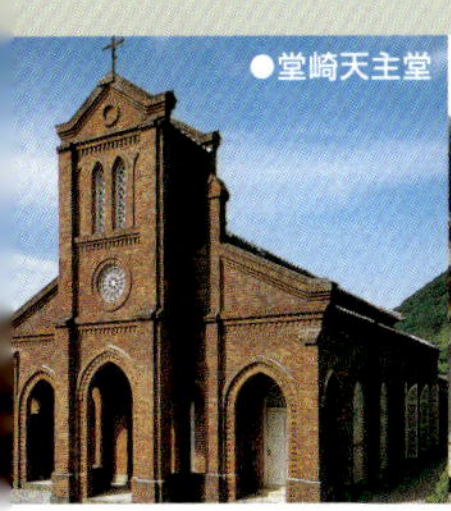
●堂崎天主堂

●江上教会

●五輪教会

●浜脇教会

堂崎《どうざき》天主堂

長崎県指定有形文化財

教会の保護者：日本二十六聖殉教者

©misawa

建築データ
建物　煉瓦造平屋　256㎡
竣工　明治41（1908）年
設計　ペルー神父
施工　野原与吉

●〒853-0053
五島市奥浦町堂崎2019
Tel：0959-73-0705

●福江港→車15分
●拝観時間
11/11〜3/20　9：00〜16：00
3/21〜11/10　9：00〜17：00
●拝観料　大人300円、中高生150円
子ども100円

五島で最初のクリスマスが行われた地に…

堂崎の浜辺の降誕祭

禁教令が解かれてすぐの明治6(1873)年9月、信者の要請で長崎より五島の堂崎に、若きフランス人宣教師フレノ神父が訪れた。彼の野外ミサに多くの人々が集まり、同年12月24日夜、堂崎の浜辺では松明を燃やし、初めての降誕祭(クリスマス)を祝ったという。明治10(1877)年に、フレノ神父とマルマン神父が五島常駐となり、明治13(1880)年、堂崎に仮聖堂を建てた。

子どもの救済に始まった

翌年、残ったマルマン神父は、間引きという痛ましい実態を知り、まず子どもを救済するための施設・子部屋(現奥浦慈恵院)を大泊の民家を借りて作った。大泊が狭くなると、堂崎に子部屋を移し、保母として働く修道女を育成する女部屋(現お告げのマリア修道会奥浦修道院)をつくった。

マルマン神父のあとを引き継いだペルー神父が、増えていく信徒のために、フランスからの援助金を投じながら、明治41(1908)年に、ついに煉瓦造の堂崎天主堂が建てられた。ペルー神父の設計で、福江の大工の棟梁・野原与吉が施工したが、このとき、のちに教会建築の第一人者となる鉄川与助が、野原与吉の下で修行をしていた。

歴史を語る資料館

天主堂は信徒が船でミサに訪れるために海に向かって建られた。新しい教会が浦頭に建てられるまでの60余年、ミサの時間には、鐘の代わりにホラ貝が響いていた。その後は、昭和49(1974)年、県指定の文化財に指定されて、五島のキリシタンの受難の歴史を語る資料館となり、多くの人々が昔を偲んで訪れる。

江上《えがみ》教会

世界文化遺産・国指定重要文化財

教会の保護者：聖ヨゼフ

©suzuki

海辺の林に囲まれて佇む瀟洒な教会

漁業の島で

奈留《なるしま》島の西部、奈留瀬戸を望む江上教会。廃校になった小学校の脇の緑の中にあり、海から直接見えない位置に建っている。

奈留港は天然の良港で、明治30年頃は、九州のキビナ漁の集結港として、大正末期から昭和にかけては、カツオの一本釣の餌のイワシの供給基地として活気を帯びたところだった。五島に移住してきたキリシタン農民たちの生活の場は、自然条件の厳しい僻地しかなく、禁教令廃止後もその苦労は並大抵ではなかったという。

完成された木造教会

西彼杵などからの移住者を祖先とする江上集落の人々は、明治14(1881)年、洗礼を受けた。明治39(1906)年に、現在地に最初の教会が、そして、鉄川与助の設計・施工で、大正7(1918)年に現在の教会が建てられた。

建物は、木造・瓦葺の建物で、軒天井飾りなどの細かい装飾が施され、正面は、重層屋根をそのまま切妻にして、屋根の妻面を「への字」型に仕上げるなど、変化に富んでいる。内部は、漆喰仕上げのリブ・ヴォールト天井や、疑似トリフォリウムがあり、全体の造作が美しいので、長崎県下の木造教会のうち、最も完成された教会として評価されている。

懸命の改修工事

信徒たちが身を削る思いで労働奉仕を行い、幸いにも教会が完成した年が豊漁で、建設費をまかなうことができたという。漁業の衰退による急激な過疎化で、信徒の家も減っているが、2001年に外観の改修が丹念に行われて、美しい木造教会として蘇っている。

建築データ

建物　木造平屋　166㎡
竣工　大正7（1918）年
設計　鉄川与助
施工　鉄川与助

●〒853-2202
五島市奈留町大串1131
Tel・Fax：0959-64-3777

●福江港→海上タクシー30分
●拝観時間　要連絡（施錠）

旧五輪《ごりん》教会

世界文化遺産・国指定重要文化財

教会の保護者：聖ヨゼフ

©suzuki

建築データ

建物　木造平屋　213㎡
竣工　明治14（1881）年ころ
移築　昭和6（1931）年
設計　不詳
施工　不詳

●〒853-2172
五島市蕨町五輪
●福江→海上タクシー20分
田ノ浦港からタクシー20分
→徒歩10分
●拝観時間　常時可能

©TCA　新聖堂

過疎の村の重要文化財は五島最古の教会

優しく出迎える二つの聖堂

五輪《ごりん》は、久賀島《ひさかじま》の東部の漁港だが、定期船の港・田ノ浦から6〜7㎞の山道を歩くか、福江からの海上タクシーが交通手段という、いわゆる「僻地」。港の平地に新聖堂と旧聖堂が静かに建っている。

信徒は、この五輪地区と近くの蕨小島の住民だが、急激な過疎化が進んでいる。それでも、信仰の篤い信徒たちは、昭和60（1985）年、隣に新聖堂を建てて、今日まで祈りをささげている。

五島で最古の木造教会

五輪教会は、昭和6（1931）年、主任教会の浜脇教会の改築の際、それまで使用されていた旧聖堂を解体して木箱に入れ、筏で運び、移築したものである。旧浜脇聖堂は明治14（1881）年に造られたもので、移築の際に、特別な改修をしていないことから、浜脇教会の創建当時の姿を残しており、長崎県下に現存する木造教会としては、現役の明治15（1882）年建造の江袋教会よりも古く、大浦天主堂についで古い。重要な文化遺産として、まず昭和60（1985）年に、県指定有形文化財に、そして平成11（1999）年に国指定重要文化財に指定され、2018年世界文化遺産登録集落内となる。

建物は、外観は日本家屋で、質素であるが、内部は一変して、三廊式の板張りリブ・ヴォールト天井、内壁は上は漆喰壁、下は縦板張りになっていて、厳粛な教会の空間を作り上げている。

陸？の孤島の祈りの場

簡単に訪れることのできない場所であるから、建物を目にしたときの感慨はひとしお。ここに住み続けてきた人々の思いも迫ってくる。

浜脇教会《はまわき》

教会の保護者：イエスのみ心

五島で最初の鉄筋コンクリート造教会

五島崩れ発端の島に…

浜脇教会は、久賀島西部、田ノ浦瀬戸を見下ろす高台に威風堂々とした姿を見せる。

迫害を逃れ、安住の地として外海から移住してきたキリシタンが住んでいた久賀島で、信徒発見後、「五島崩れ」と呼ばれる激しいキリシタン弾圧の発端となった殉教(牢屋の窄《さこ》)がおきた。

信仰の自由を得て、明治14(1881)年、やっと久賀島の最初の教会として、初代浜脇教会ができた。その後、潮風に曝され、激しく痛んだため、昭和6(1931)年、五島で最初の鉄筋コンクリート教会として新たに建てられた。このとき解体された旧聖堂は、同じ久賀島の五輪地区に移築されたことは前述のとおりである。

現在の浜脇教会は、正面の鐘塔と十字架を頂く八角形の尖頭が印象的な建物である。玄関部分がそのまま鐘塔として立ち上がり、塔のみ見ていると、イスラム寺院のようなエキゾチックな魅力がある。

塗りつぶされた白亜の壁

戦時中、空襲の標的となるのを避けるため、白亜の壁を黒くぬりつぶさなければならなかったことがあったという。長い間、黒ずんでいたその外壁を、再び塗り直した白い壁面は、緑の背景に際立って見える。

祈りの場所としての教会を建てることで、受けた苦しみを憎しみに変えず、生きていることを喜びとし、神に感謝しようとする人々の思いをここでも味わうことができる。

建築データ
建物　鉄筋コンクリート造平屋
　　　275㎡
竣工　昭和6（1931）年
設計　不詳
施工　不詳

●〒853-2173
五島市田ノ浦263
Tel：0959-77-2061

●田ノ浦港→徒歩20分、タクシー5分
●拝観時間　予約希望

©misawa

©hisa

水ノ浦教会

みずのうら

教会の保護者：被昇天の聖母

海辺に佇む白い“貴婦人のような教会”

新しい時代…

煉瓦造の楠原教会が「男性的な教会」と言われるのに対して、海辺にうっとりと佇むように見えるのか、白いレースを思わせる木造の水ノ浦教会は「貴婦人のような教会」と言われる。

水ノ浦の信徒も外海から移住してきたキリシタンが先祖である。信徒発見後、ひそかに来島してきた浦上の伝道師パウロ守山甚三郎らから新しい時代が来たことを聞いた水ノ浦の帳方の水浦久三郎《きゅうざぶろう》らは、大浦天主堂で祝福を受け、島に戻り、それまで使っていた仏像や神棚を取り払って、信仰を表明したため、五島崩れと呼ばれる迫害がこの地でも起きた。久三郎も逮捕され、久三郎の家は牢となった。明治6(1873)年、禁教令が廃止されたその年、久三郎はなくなり、その遺志は、残った信者と娘の水浦カネに引き継がれた。

聖母マリアに捧げる

明治13(1880)年には最初の木造教会が建てられていたらしい。そして明治17(1884)、水浦カネは、生家を女部屋(水ノ浦修道院の起こり)とした。

雲仙に建設予定だった現聖堂は、昭和13(1938)年に鉄川与助の設計でリブ・ヴォールトを持つ教会の最後のものとして、ここに建てられたが、現存する木造教会としてはわが国最大規模のもの。

ここでは、聖母マリアの命日である8月15日には、聖体行列が行われる。

建築データ
建物　木造平屋　349㎡
竣工　昭和13 (1938) 年
設計　鉄川与助
施工　鉄川与助

©misawa

●〒853-0701
五島市岐宿町岐宿1643-1
Tel・Fax：0959-82-0103

●福江港→車20分
●拝観時間　7：00-19：00

楠原《くすはら》教会

教会の保護者：聖家族

殉教地を見守る"男性的教会"

建築データ
建物　煉瓦造平屋　307㎡
竣工　明治45（1912）年
設計　不詳
施工　不詳

●〒853-0703
五島市岐宿町東楠原

●福江港→車20分
●拝観時間　8：00-17：00

水ノ浦とともに

楠原は、寛政9（1797）年、外海地方から六方《むかた》の浜に上陸した大村藩政策の移住第一陣のキリシタンの子孫が住んだところ。信仰を公にしなければ、平和に暮らすことができたが、信徒発見後、水ノ浦の検挙事件が楠原にも波及して、五島崩れがはじまる。たとえ棄教を申し出ても、郷民による略奪で財産は奪い去られるという受難、それに続く悲惨な生活が続いた。厳寒の中、裸同然の生活を強いられた牢屋跡が近くにある（楠原の牢屋跡）。

イギリス積の煉瓦造

現聖堂は、明治末期、やっと建てられた。設計、施工、献堂ははっきりしていないが、、ペルー神父の指導で行われた堂崎天主堂の建設のときに、修行中の鉄川与助が神父の信任を得て、設計施工をまかされた可能性が高いという。

昭和43（1968）年に、会堂の一部から内陣・祭壇部にかけて鉄筋コンクリートによる大改修が行われている。改修していない部分は、木造のリヴ・ヴォールト天井で、改修部分は、コンクリート柱と平天井になっているが、重層屋根であることから、のびのびと立ち上げたリブ・ヴォールト天井によって作られる空間は、神聖な空気をしっかりと包み込む。

木造の華奢な水ノ浦教会に対して、強健なイギリス積の煉瓦造が男性的な力強さを見せている楠原教会は、山の中の殉教地に建てられた芯の強さを感じさせる教会である。

©suzuki

貝津《かいつ》教会

教会の保護者：使徒聖ヨハネ

建築データ
建物　木造平屋　205㎡
竣工　大正13（1924）年
設計　不詳
施工　不詳

●〒853-0604
五島市三井楽町貝津郷458
Tel：0959-84-2099

●福江港→車40分
●拝観時間　常時可能

ステンドグラスの柔らかな光に戯れる…

万葉の島の殉教の悲劇

貝津教会のある三井楽は、遣唐使船の日本最後の寄港地として、古い文献にその名が登場するところだ。寛政9（1797）年の大村藩による公式移住以前の安永2（1773）年にキリシタンの移住が始まり、徐々に増えて、奥浦村（堂崎）、岐宿村とともに福江島の三大キリシタン集落として成長していた。明治初期の五島崩れの際も、現在の三井楽教会のある岳部落でも絵踏みが行われ、これに応じなかった信徒が逮捕・投獄された。貝津地区でも3戸15名が、キリシタンであることが露見している。

シンプルな造りの美しさ

貝津教会は、40戸ほどの信徒が、岳教会（三井楽教会）の山頭神父の指導をうけて、大正13（1924）年に建てた木造・瓦葺の教会である。岳教会の巡回教会となるが、昭和27（1952）年、独立し、昭和37（1962）年、大規模な増改築が行われた。

玄関部を含む3間が増築された部分で、玄関の上に、四角平面の鐘塔を置いて、三角屋根の尖塔を乗せている。中は、三廊式の平天井で、簡素な聖堂だが、柱頭や壁などには、コリント式の葉の文様を掘り込んだ装飾が施してある。側面の窓は、度重なる改修によってか、左右で形式が異なっている。

改修により、内部がクリーム色のペンキで仕上げられるなど、当初の聖堂の面持ちと変わってしまっているところも多いようだ。

しかしシンプルな造りでありながら、ステンドグラスから差し込む柔らかな光が美しく、訪れるものを拒まない、光と戯れることのできる優しい空間である。

©misawa（上・下）

嵯峨島《さがのしま》教会

教会の保護者：ロザリオの聖母

©misawa（上・下）

五島の最西端、こんなところにも教会が…

高貴な名前の流罪の島

嵯峨島は、三井楽町貝津から真西に4km沖合いに浮かぶ島。男岳・女岳と呼ばれる2つの火山によって形成され周囲は12km。西側は変化に富むが、三井楽側から見ると、薄い「ひょうたん島」である。2つの火山の接合部分の低地に人々は集落をつくり、漁業を営んでいる。

古く源平争乱の時代、京都嵯峨野の公家が移住してきたことが、島の名の起こりといわれ、島の西端の壮絶な断崖は、流人を海に突き落とした極刑の場所と伝えられる「遠島」でもあった。

この嵯峨島にも寛政年間に大村藩からキリシタンが移住し潜伏した。現在、島民の3分の1ほどがカトリックだそうだ。

ひょうたん島の小さな教会

港を見下ろす高台に嵯峨島教会がある。当初、信徒の家を利用してミサが行われていたが、大正7(1918)年、現聖堂が建てられた。

教会は、木造、瓦葺、内部は、三廊式。小さな建物だが、玄関部上部には楽廊がある。天井は、板張り平天井で、主廊部は縦板張り、側廊は横板張りにして変化をもたせ、船底天井のような感じである。

小さな島の教会であるがゆえに激しい潮風に曝されてしまうという自然条件から、外壁の改築は免れなかったが、会堂の内部は、建てられた当初の姿を残していると言われる。

簡略化された教会

一方で煉瓦造や鉄筋コンクリート造で壮大な教会をつくり、一方で簡略化された教会をつくる。人々の様々な生活があるなかで、可能な限り心血を注いだ結果の祈りの殿堂がそこにはある。

建築データ
建物　木造平屋　138㎡
竣工　大正7（1918）年
設計　不詳
施工　不詳

●〒853-0611
五島市三井楽町嵯峨島郷

●嵯峨島汽船で貝津港→（20分）嵯峨島桟橋→徒歩5分
●拝観時間　要予約（施錠）

福江《ふくえ》教会

教会の保護者：イエズスのみ心

●〒853-0005
五島市末広町3-6
Tel：0959-72-3957
Fax：0959-88-9000

●福江港→徒歩10分
福江空港→車15分
●拝観時間　予約希望

©hisa

長崎の離島で最大の福江島は、城下町でキリシタンが潜伏できる場所ではなかったのか、古くからの信徒は少なく、転入者や一時赴任者が、教会共同体の大半を占めている。大正3(1914)年、堂崎小教区から独立し、初代の聖堂が建てられ、現聖堂は、昭和37(1962)年4月に建立された。同年9月26日未明、市街地を総なめにした福江大火で、周りが燃えているとき、この教会だけが奇跡的に焼失を免れた。

牢屋の窄《ろうやのさこ》殉教記念教会

教会の保護者：殉教者の元后

●〒853-2171
五島市久賀町大開

●浜脇教会から徒歩30〜40分
田ノ浦港→車10分
●拝観時間　予約希望（施錠）

©hisa

200人もの男女が12畳の部屋に、8ヵ月間も閉じ込められ、多くの人がなくなったという「牢屋の窄殉教地」で名高い五島崩れの発端の地に、昭和44(1969)年、九州電力の発電所の建物を利用して、殉教者の顕彰のために教会が建てられた。老朽化が激しく、昭和59(1984)年、殉教碑と同じ敷地内に新聖堂が建てられた。交通の便が悪いにも関わらず、信徒たちは、ミサの日に、ここまで通ってくるという。

浦頭《うらがしら》教会

教会の保護者：聖ペトロ・聖パウロ

●〒853-0051
五島市平蔵町2716
Tel：0959-73-0072
Fax：0959-73-0105

●福江港→車10分
●拝観時間　6:00-18:00 要予約

©hisa

明治41(1908)年に建てられ老朽化した堂崎天主堂に代わる教会として、地域の中心にある浦頭に、昭和43(1968)年、建てられた。浦頭小教区内には、15の集落があるが、そのうちの7つ（浦頭・浜泊・大泊・嵯峨瀬・堂崎・宮原・半泊）のカトリック集落の信徒によって、小教区はなりたっている。近くには、寛政年間、外海地方から海を渡って移住してきたキリシタンが船から降り立った六方《むかた》がある。

宮原《みやはら》教会

教会の保護者：聖ドミニコ

©hisa

福江より堂崎へ行く途中を左折し、戸岐大橋を渡ると、山間の宮原教会が見えてくる。外海の樫山教会に似た民家風の素朴な教会で、カクレキリシタンが多かったところ。明治18(1885)年に、ペルー神父が堂崎教会に在任中、初代聖堂が建てられ、昭和46(1971)年、改築された。今も毎日、夕方になると、ひとりでも「おばあちゃん」がお祈りをしているところで、集会所のような場所でもある。

●〒853-0054
五島市戸岐町773-2

●福江港→車20分
●拝観時間　要連絡

半泊《はんどまり》教会

教会の保護者：聖パトリック

©hisa

移住してきたキリシタンの半分は、土地が手狭で、山の手の方へ移動したところから、半泊という地名になったという。この地区に、大正11(1922)年、教会が建てられた。アイルランドからの浄財と信徒たちの奉仕作業によるもので、教会は、寄付に感謝してアイルランドの守護の聖人・聖パトリックに捧げられている。現在も車一台しか通らないような狭い道をたどっていく、奥深いキリシタンの里である。

●〒853-0054
五島市戸岐町半泊1223

●福江港→車30分
●拝観時間　要連絡

奈留《なる》教会

教会の保護者：聖フランシスコ・ザビエル

©TCA

奈留島の中央にある教会。大正15(1926)年ごろ、宿輪地区の信徒より地区の教会がほしいとの要望があがるが、当時の主任司祭により、カクレキリシタンの布教を考えて、カトリック信徒のいない現在地の相ノ浦地区に建てられた。しかし、高台にあるため、木造の旧教会は幾度となく台風の被害にあい、昭和36(1961)年に現在のコンクリート造の教会に立て直された。

●〒853-2201
五島市奈留町浦395
Tel・Fax：0959-64-3285

●奈留港→徒歩20分、車5分
●拝観時間　常時可能

打折教会《うちおり》

教会の保護者：諸聖人

●〒853-0702
五島市岐宿町川原打折
●福江港→車30分

©hisa

対岸の三井楽の信徒との往来で、信仰を守り伝えたところであるという。昭和48(1973)年に聖堂を建立。創立当時は、村の集会所の役目を果たすように考えてつくられたという白ペンキ仕上げの小さな教会。

前の海岸は、キャンプに良い場所である。

三井楽教会《みいらく》

教会の保護者：諸聖人

●〒853-0607
五島市三井楽町岳1420
Tel・Fax：0959-84-2099
●福江港→車50分
●拝観時間　7：00-18：00

©hisa

岳《たけ》地区にあるため、以前は岳教会とよばれていた。三井楽教会は、信仰の自由を得た信徒たちが、明治13(1880)年に建てたゴシック様式の教会が始まりである。現聖堂は昭和46(1971)年に建てられた。隣接する資料館には、田中千代吉師が収集したものを展示。

井持浦教会《いもちうら》

教会の保護者：ルルドの聖母

●〒853-0411
五島市玉之浦町玉之浦1243
問い合せは福江教会
Tel：0959-72-3957
●福江港→車50分
●拝観時間　9：00-17：00

©hisa

初代は、明治30(1897)年建立の五島で最初の煉瓦造教会。当初、両外側にアーケードを持つ初のロマネスク風聖堂として名をはせたが、大正13(1924)年、聖堂の拡張のため、アーケードを取り込んだ大改修を行っている。しかし、昭和62(1987)年の五島を直撃した台風12号によって、多大な被害を被り、昭和63(1988)年、煉瓦風タイル張りの鉄筋コンクリート造教会に改築された。日本最古のルルドがある。(p123参照)

玉之浦教会

たまのうら　教会の保護者：聖フランシスコ・ザビエル

●〒853-0411
五島市玉之浦町玉之浦622-1
●福江港→車65分
●拝観時間　井持浦教会へ要予約

©minewaki

玉之浦町は、日本最西端の町で、その玉之浦町の玉之浦教会は、福江島の尻尾の先にある。徐々に住民が増えたので、昭和37(1962)年、布教のために町の中心に聖堂が建立された。

ちなみに、まぼろしの椿といわれる「玉之浦」は、玉之浦町と岐宿町の境にある七岳《ななたけ》で発見された。

豆知識 五島の風景

はじめて五島をみてまわったものにとって、行くところ行くところに教会があることは驚きです。たとえば十字架のような形をした中通島の突端を海に沿っていくと、蛇行する道の先が開けるたびに、さまざまな形の教会が見えてきます。まさしく津々浦々、集落ごとに。たぶん、この風景は、五島の殉教の歴史を知らずとも、ここがキリシタンの島であることをじゅうぶんに実感させてくれます。

聞くと、それらの教会には、禁教令がとかれ、やっと信仰の自由を得た人々が、自分たちの土地にもどってゼロからの生活をスタートさせながら、資金をつくり、自ら資材を運び、つくりあげた歴史があったとのこと。当時、交通手段を舟に頼っていたことから、多くの教会は海に向かってシンボルのように建っています。

それらの建物が、ただの箱ではなく、その土地に生きてきた人たちの「信仰の証」であること、命の結晶であることを知れば、古くても新しくても、大きくても小さくても、内なる輝きが見えてくるのではないでしょうか。

©minewaki

急斜面に建つ赤波江教会（上五島）

第2部

殉教者を偲ぶ巡礼地

「ナガサキ」は殉教地として世界の人々に
知れわたっている。それほど
多くの殉教者の血が流されたことを意味する。
その原点は二十六人の殉教者が血を流した西坂の丘である。
これらの場所に足を運ぶことによって信者は
「巡礼」することを意味すると信じている。
ここにご紹介する「巡礼地」はカトリック大司教区が
選んだ場所であるが、どの順番で巡るかは
読者の事情に応じて自由である。

第6章

長崎巡礼 信徒発見コース

二十六聖人が殉教した西坂の丘から巡礼は始まる

①西坂殉教地
（二十六聖人記念碑・二十六聖人記念館・聖フィリッポ教会）

長崎のシンボルが集まる西坂の丘

JR長崎駅を背にして左手に見える西坂の丘は、かつて、海に突き出した小さな岬だった。ここで慶長元年（1597年2月5日）、京都から連れてこられた26人のキリシタンが処刑されたのを皮切りに、多くの人々が殉教した。昭和25（1950）年、ローマ教皇ピオ12世によって公式巡礼地として承認され、昭和31（1956）年、県指定の史跡となったこの丘に、昭和37（1962）年、西坂で最初の26人の殉教者が聖人とされて100年目に記念碑と記念館が建てられ、西坂公園ができた。ここには誰もが「長崎」を感じる芸術が集合している。そばには、26聖人の1人聖フィリッポに捧げられた双塔の教会もある。

二十六聖人記念碑

苦痛を超えた至福の喜びを…

舟越保武氏作の二十六聖人記念碑は、選んだ道が間違っていないことを確信し、無上の喜びを持って天へ召されようとしている26人の殉教の瞬間をとらえたもので、平和を世界に訴える長崎にとって、この上なく、ふさわしいシンボル。自身がキリスト者である舟越氏は、この作品で、第5回高村光太郎賞を受賞し、代表作となった。

©inu（上下）

二十六聖人一覧

聖フランシスコ吉（京都）
聖コスメ竹屋（尾張）
聖ペトロ助次郎（京都）
聖ミカエル小崎（伊勢）
聖ディエゴ喜斎（備前）
聖パウロ三木（摂津）
聖パウロ茨木（尾張）
聖ヨハネ五島（五島）
聖ルドビコ茨木（尾張）
聖アントニオ（長崎）
聖ペトロ・バプチスタ（スペイン）
聖マルチノ・デ・ラ・アセンシオン（スペイン）
聖フィリッポ・デ・ヘスス（メキシコ）
聖ゴンザロ・ガルシア（インド）
聖フランシスコ・ブランコ（スペイン）
聖フランシスコ・デ・サン・ミゲル（スペイン）
聖マチアス（京都）
聖レオ烏丸（尾張）
聖ボナベントゥラ（京都）
聖トマス小崎（伊勢）
聖ヨアキム榊原（大阪）
聖フランシスコ医師（京都）
聖トマス談義者（伊勢）
聖ヨハネ絹屋（京都）
聖ガブリエル（伊勢）
聖パウロ鈴木（尾張）

日本二十六聖人記念館

キリシタンの受難の歴史を紹介

建築家・今井兼次氏設計の記念館は、西坂の丘で殉教した二十六聖人の遺徳をたたえ、日本人が信仰の自由を勝ち取る前のキリシタンの歴史を語る様々な遺物を紹介。代表的なものとして、

○ポルトガル王宛に書かれた「聖フランシスコ・ザビエルの書簡」
○大分丹生で発見された「聖母子像」
○長崎市の山林で発見された「プラケット『ピエタ』(県指定有形文化財)」
○キリスト像として祈りに用いていた朝鮮仏「銅造弥勒菩薩像(県指定有形文化財)」

など、記念館の宝、長崎の宝が展示されている。また、現代の作家が受難の時代に思いを馳せて制作した美術品も内外に展示されている。

今井兼次氏は、長野県穂高町の碌山美術館などを設計、この記念館は、代表作の一つである。

壁面のモザイクは、二十六聖人の道のりである京都から長崎までの窯元で作られた陶磁器がはめ込まれた

●〒850-0051　長崎市西坂町7-8
Tel：095-822-6000　Fax：095-823-5326
●開館時間　9：00〜17：00
●休館日　年末年始（12月31日〜1月2日）●駐車場　なし
●観覧料　一般500円（400円）　中・高校生300円（200円）
小学生150円(100円)（　)内は20人以上の団体料金

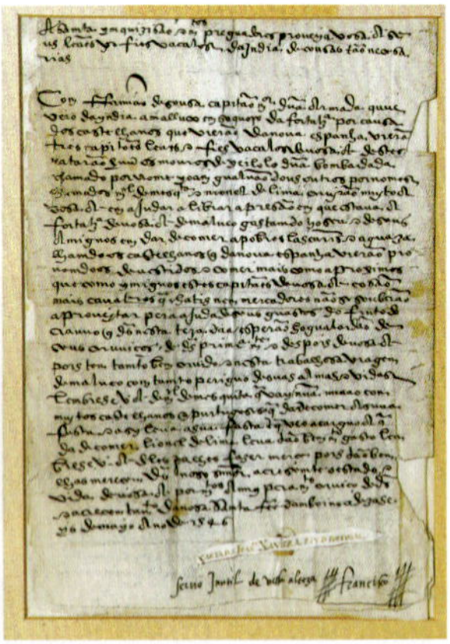

上：大分丹生のキリシタン遺物（県指定）
左：キリストとして祈った朝鮮仏（県指定）
中：ザビエルの書簡

©koike(上・左・中・右)

豆知識　約束の地“西坂”

26人の殉教者を処刑するための26本の十字架は、最初、極悪人が処刑される刑場に立てられる予定だったようです。それを知ったポルトガル人が、彼らに捧げる教会を建てるのにふさわしい場所として、巧みにこの丘に変えさせたといいます。この事実が伝えられ、ヨーロッパ人が26人に捧げる教会を建てるために、再び長崎に来たのは、266年後のことでした。

処刑後、キリシタンたちは、26本の十字架のあった跡に“藪椿”を植え、祈りを捧げていましたが、次第に訪れることはできなくなり、いつしか、後方の立山より、密かに西坂にむかって祈りを捧げていたため、時が流れるとともに、殉教地の場所が不明となってしまったそうです。後年、ローマで発見された資料から、現在地が殉教地とわかり、県の史跡として指定されることになりました。26聖人列聖150年を記念して2012年6月8日、26本の椿の木が植えられました。

②サン・ジョアン・バプチスタ教会跡

ハンセン病病院の付属教会

天正19(1592)年、ポルトガルの船長が建て、慈善団体ミゼリコルディアの組によって運営されたハンセン病病院(サン・ラザロ病院)の付属教会。長崎の三大教会と呼ばれた教会のひとつ(ほかの二つは、トードス・オス・サントス教会と山のサンタ・マリア教会)である。破壊された跡地に、本連寺が建てられ、現在も病院の井戸が残っている。

●長崎駅前（筑後町）本蓮寺入口

③中町教会

聖トマス西と十五聖人記念碑

寛永10(1633)年から寛永14(1637)年にかけて西坂などで殉教した、生月出身の司祭・聖トマス西ほか女性2人を含む16人が、昭和62(1987)年、聖人の列に加えられたとき、中町教会に記念碑が建てられた。十六聖人のなかに、フィリピン人で最初の聖人となったロレンソ・ルイスが含まれていたので、昭和63(1988)年、フィリピンのハイメ・シン枢機卿が除幕式に訪れ、記念碑を祝別している。2015年3月に十六聖人の像が設置され、それまで置かれていた「ロレンソ・ルイス像」は西坂殉教地に移設された。

●長崎市中町1-13、中町教会駐車場

十六聖人一覧

聖ドミニコ・イバニェズ・デ・エルキシア（スペイン・司祭）
聖フランシスコ正右衛門（エルキシア神父の協力者・修道士）
聖ヤコブ朝長（大村・司祭）
聖ミカエル九郎兵衛（朝長神父の協力者・信徒）
聖ルカ・アロンソ（スペイン・司祭）
聖マテオ小兵衛（アロンソ神父の協力者18歳・修道士）
聖長崎のマグダレナ（ヨルダン神父の協力者・修道女）
聖大村のマリナ（ドミニコ会第三会会員・修道女）
聖ヨルダノ・アンサローネ（イタリア・司祭）
聖トマス西（平戸・司祭）
聖アントニオ・ゴンザレス(スペイン・司祭)
聖ギヨーム・クルテ（フランス・司祭）
聖ミゲル・アオザラザ（スペイン・司祭）
聖ヴィセンテ塩塚（ドミニコ会・司祭）
聖京都のラザロ（京都・信徒）
聖ロレンソ・ルイス（フィリッピン・信徒）

④山のサンタ・マリア教会跡

船から見えた美しい教会

ポルトガルの船員は、航海の安全を願って、港に面した山にサンタ・マリア教会を建てる習慣があって、立山にも、天正18(1591)年、純白のサンタ・マリア教会が建てられた。慶長19(1614)年には破壊され、のちに立山役所が置かれ、現在、長崎歴史文化博物館が建てられている。

●立山1丁目（桜町小学校の正門右横を直進）

⑤サント・ドミンゴ教会跡資料館

小学校の下から現れた歴史の地層

慶長14(1609)年、ドミニコ会が、鹿児島の教会を解体して、長崎代官・村山等安が寄進したこの土地に建てた教会。慶長19(1614)年に破壊されている。このとき、教会にあった聖母像は、国外に運び出され、現存するという。2002年からの小学校の建て直しの際に、教会時代の石畳や地下室、排水溝、その後の代官屋敷の遺構や遺物、市中を焼き尽くした「寛文の大火」の痕跡などが発見された。

●〒850-0028　長崎市勝山町30-1（桜町小学校内）
●開館時間　9:00〜17:00
●休館／毎週月曜・12月29日〜1月3日　●入場無料
●問い合わせ／長崎市教育委員会文化財課
Tel:095-829-1193 Fax:095-829-1219

写真提供：長崎教育委員会　文化財課

豆知識

敷地のその後

商人として富を得て、長崎代官となった村山等安が、豊臣方で、かつキリシタンであったことから処刑され、元和5（1619）年、次の長崎代官となった末次平蔵が、サント・ドミンゴ教会の跡を代官屋敷としました。末次家は、貿易で巨万の富を得て権力をふるいますが、密貿易が発覚し、失脚。その後、元文4（1739）年から幕末までは、高木家が代官を世襲しました。

⑥聖コルベ記念館
(本河内教会内)

写真提供:聖コルベ記念館

●〒850-0012
長崎市本河内町2-2-1
Tel・Fax:095-825-2075
●開館時間9:00～17:00
●年中無休
●駐車場あり
●観覧料　無料
●蛍茶屋電停より矢上方面に500m上る、長崎県営バス「番所橋」下車

強制収容所で身代わりで死んだ聖人ゆかりの地

マキシミリアノ・マリア・コルベ神父は1894年にポーランドに生まれたコンベンツアル聖フランシスコ修道会の司祭。「無原罪の聖母の騎士会」をつくり、「かぎりない愛」で人々の幸せを願う布教を行った人である。

昭和5(1930)年、後に日本全国の戦災孤児や貧しい人々の救援に奔走したゼノ修道士らとともに、長崎を訪れた。大浦天主堂下の洋館を拠点に、困窮した生活のなかで、神学生の教育と月刊誌『聖母の騎士』の出版を行なった。コルベ神父らが自分を犠牲にして懸命に活動する姿に共感し、神の教えを理解する日本人が次第に増え、昭和6(1931)年、彦山の中腹の本河内に、コンベンツアル聖フランシスコ会聖母の騎士修道院(無原罪の園)を設立した。ここでも、質素な生活をしながら、難しい日本語と格闘しつつ、着実に日本全国に理解者を増やしていった。

しかし6年間の日本滞在ののち、健康上の理由もあって、ポーランドにもどったコルベ神父は、アウシュヴィッツに収容され、妻子ある囚人の身代わりに餓死刑を受け、毒殺された。47歳の若さだった。

聖コルベ記念館は、昭和61(1986)年に、かぎりない人間愛を持って亡くなったコルベ神父が聖人の位に上げられたのを記念して建てられ、神父の遺品が展示されている。

右上／ゼノ修道士が、コルベ神父のために作った机と椅子。特設の「コルベ神父の部屋」の中に、保存してある。今でもコルベ神父が使っているのではと錯覚するくらい「古さ」を感じさせない。

©inu(左・右)

⑦トードス・オス・サントス教会跡

長崎初の教会は、いまの春徳寺の地

ポルトガル語で「諸聖人」という意味の長崎で最初に建てられた教会。永禄12(1569)年、長崎の領主・長崎甚左衛門がイエズス会に与えた土地に建てられた。慶長元(1597)年の二十六聖人の殉教のあとの迫害で、コレジヨや印刷所が一時的にここに移され、有馬晴信の死で、慶長17(1612)年、棄教した息子・有馬直純による迫害が始まり、有馬のセミナリヨがここに移された。キリシタン大名・高山右近は、マニラに追放される前の数日を、この教会で過ごしたという。慶長19(1614)年、閉じられたが、建物は、元和5(1619)年まで残され、その跡に春徳寺が建てられた。今も教会時代の井戸が残り、昭和41(1966)年、県指定史跡となった。裏山の唐渡(とうど)山は、教会の名前に由来する。

●長崎市夫婦川町11-1、春徳寺境内

⑧サン・フランシスコ教会跡

教会から牢屋へ

慶長16(1611)年、フランシスコ会のアスンシオン神父によって建てられていたが、禁教令が出されて迫害が始まり、完成しないうちに、慶長19(1614)年に破壊され、「桜町牢」となった。多くのキリシタンが幽閉され、浦上四番崩れで「旅(流配のこと)」に出る前の信徒たちも、この牢に入った。

●長崎市役所別館（長崎市桜町6-3）正面に向かって左横に碑

⑨サン・ティアゴ教会跡

1612年と刻まれた鐘が今も…

慶長8(1603)年、聖ヤコボに捧げて建てられた教会で、隣には慈善団体ミゼリコルディアの組が運営するサン・ティアゴ病院があった。これらを建てたディエゴ・メスキータ神父は、天正遣欧使節に同行したポルトガル人司祭で、長崎のコレジヨの院長も勤めた。慶長19(1614)年に建物は破壊されたが、1612年製の病院の鐘を、現在も大分県竹田市の中川神社が所蔵している。

●長崎銀行（長崎市栄町）付近

⑩高麗橋

朝鮮の人々の町と教会

豊臣秀吉の朝鮮出兵や奴隷制度に対するイエズス会宣教師の批判により、長崎に奴隷として連れてこられた朝鮮の人々は解放された。彼らが住むようになった町は高麗町(現在の鍛冶屋町付近)と呼ばれ、彼らは自分たちを救ったキリスト教の洗礼を受け、サン・ロレンソ教会(場所は不明)をつくった。その後、長崎の中心の町が大きくなったため、高麗町は現在の伊勢町付近に移され、新高麗町となった。現在、中島川に架かる「高麗橋」の名にのみ、そのことが記憶される。朝鮮の人々の多くが熱心な信者となり、雲仙や大村ほか、全国で、信仰を守り通し、殉教したり、追放されたりしている。

●中島川、伊勢宮神社付近（長崎市伊勢町）に架かる

©koike

⑪ミゼリコルディア本部跡

ミゼリコルディア＝慈善事業団体

ポルトガルにならって「他者への愛」を実行する団体を日本で設立した「ミゼリコルディアの組」の本部として、天正11(1583)年、本博多町に堺出身の金細工師ジョスティノ・カサリアを組頭に発足。会員等が私財を投じ、病院や教会を建て、老人ホームや孤児院の経営、未亡人の救済まで行っていた。

●長崎地方法務局（長崎市万才町8-16）正面右横の階段脇

⑫岬のサンタ・マリア教会跡

港の誕生とともに岬に生まれる

元亀2(1571)年、長崎開港のとき、フィゲイレド神父が、大村純忠が寄進した土地の先端(県庁があるところ)に教会を建てた。一度、秀吉の命令で取り壊されたが、秀吉が亡くなり、活動しやすくなると、慶長3(1598)年、トードス・オス・サントス教会からコレジヨが移り、慶長6(1601)年、華麗な被昇天のサンタ・マリア教会が建てられ、徳川家康によって禁教令が発せられるまでは、長崎の教会文化の中心となった。しかし慶長19(1614)年、他の教会とともに破壊され、跡には西役所が建てられた。

●長崎県庁跡地(長崎市江戸町2-13）正門右横に碑

⑬コルベ神父ゆかりの暖炉

赤貧の伝道生活を語る

©hisa

アウシュヴィッツで亡くなった聖コルベ師が、長崎にきてすぐ、出版活動を行った洋館の赤レンガの暖炉が、火災を免れて残った。野ざらしの状態だったのが、平成7(1995)年に「聖コルベ館」ができて、室内で保存されるようになった。

●大浦天主堂への登り坂の真ん中付近の右手

⑭大浦天主堂・信徒発見記念の碑

カトリック史の衝撃の一瞬

昭和40(1965)年、信徒発見100周年を記念して、そのレリーフが設置された。

●大浦天主堂境内の登り階段の真ん中付近左側

第7章

長崎巡礼 平和祈念コース

浦上にひびくアンジェラスの鐘を聞きながら再び西坂の丘へ…

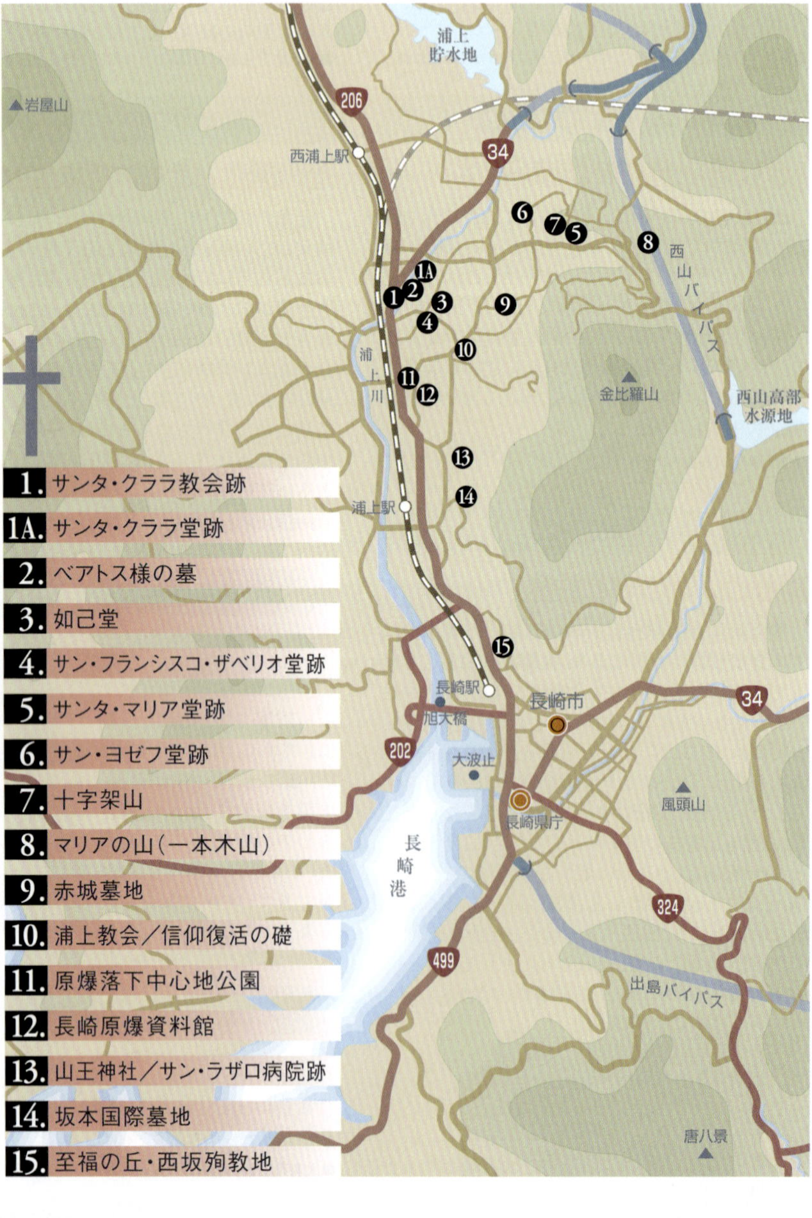

1. サンタ・クララ教会跡
1A. サンタ・クララ堂跡
2. ベアトス様の墓
3. 如己堂
4. サン・フランシスコ・ザベリオ堂跡
5. サンタ・マリア堂跡
6. サン・ヨゼフ堂跡
7. 十字架山
8. マリアの山（一本木山）
9. 赤城墓地
10. 浦上教会／信仰復活の礎
11. 原爆落下中心地公園
12. 長崎原爆資料館
13. 山王神社／サン・ラザロ病院跡
14. 坂本国際墓地
15. 至福の丘・西坂殉教地

①サンタ・クララ教会跡

橋のたもとの美しい女性像

©inu

ポルトガル人船員が建てた教会で、禁教令で破壊された後も浦上のキリシタンたちは、サンタ・クララの祝日(新暦8月12日)とサンタマリアの御上天の日(新暦8月15日)のころ、盆踊りでカモフラージュして、この教会跡に集まり、祈ったという。信徒発見後、この近くに秘密教会ができる。

●長崎電鉄電停「大橋」下車、浦上川に架かる大橋のたもと

②ベアトス様の墓

見せしめで処刑された一家

寛永年間、キリシタンの村・浦上の中心的存在だったジワンノ・ジワンナ・ミゲル親子が見せしめとして捕らえられ、火あぶりとなった。浦上の村民は3人の亡骸を葬り、ベアトス様と呼んで、殉教者として崇めた。ベアトスとは、ポルトガル語のベアト(天国の神のもとで永遠に幸せな人)の複数形である。

●長崎市橋口町山里小学校に向い左側車道に入り徒歩3分

③如己堂《にょこどう》(帳方屋敷跡)

潜伏キリシタンの屋敷跡に…

潜伏キリシタンが信仰を守るための指導組織を結成した初代の帳方《ちょうかた》・孫右衛門《まごえもん》から、安政3(1856)年の浦上三番崩れで殉教した七代目の帳方《ちょうかた》・吉蔵《きちぞう》までが住んでいた屋敷跡。吉蔵の曾孫と結婚した永井隆博士(原爆の被災者救護や平和教育に尽くした)は、被爆後、この2畳一間の家を「如己堂」と名付け、原爆症に苦しみながら「長崎の鐘」や「この子を残して」などの著作を残している。如己堂の隣の記念館には、博士の遺品が展示されている。

©hisa

長崎市永井隆記念館・如己堂DATA
●〒852-8113
長崎市上野町22-6
Tel:095-844-3496
●開館時間/9:00～17:00
●休館/12月29日～1月3日
●駐車場/なし
●観覧料/展示室(1階)
個人100円
団体(15人以上)80円
小・中・高校生は無料
図書室(2階)は無料

秘密教会

信仰の自由はいつ…

信徒発見後も信仰の自由がなかった浦上のキリシタンたちは、慶応元(1865)年から3年間、大浦天主堂から密かに神父たちを迎えて、洗礼をうけ、ミサにあずかり、教えを学ぶための4つの秘密教会を作り、大浦天主堂の巡回教会としていた。

しかし、潜伏キリシタンからカトリックとなって、それまでカモフラージュのために受け入れていた仏式の葬式を断ったことから、これらの教会のことが発覚して探索の手が入り、集まっていた高木仙右衛門ほか68人が捕らえられ、最後の迫害である慶応3(1867)年の「浦上四番崩れ」がはじまってしまう。

4つの秘密教会

⑴Ⓐサンタ・クララ堂跡

家野郷(現在の大橋町)にあったサンタ・クララ教会跡の近くに建てられた。現在、浦上川と岩屋川の合流地点より上流の深堀氏宅の庭に記念碑がある。

④サン・フランシスコ・ザベリオ堂跡

如己堂と平和公園の中間の橋口町7番地にあった。現在は、信徒発見125周年を記念して建てられた説明板などがある。

⑤サンタ・マリア堂跡

辻町の十字架山中腹、県営バス平の下バス停で降りてすぐ左の階段を登る途中にあり、説明板がある。

⑥サン・ヨゼフ堂跡

現在、辻町のお告げのマリア修道会十字修道院がある場所で、高木仙右衛門の屋敷だった。

⑦十字架山

ローマ教皇庁指定巡礼地

禁教令は解かれたが、信仰を守るためとはいえ、神の教えと違う行いをしていたことに対する償いのために、明治14(1881)年、浦上の信徒たちは、辻町の丘に大きな十字架を建てた。丘がキリストが処刑されたゴルゴダの丘に似ているということで、「十字架山」と呼ばれた。昭和25(1950)年、ローマ教皇ピオ12世によって公式巡礼地に指定されたが、周りは住宅化の波に飲み込まれた。

●県営バス循環「平の下」下車、山側を15分登る

⑧マリアの山（一本木山《いっぽんぎやま》）

潜伏キリシタンの祈りの場

信徒が密かに集まり祈っていた所で、プチジャン神父は、ここで水方の又市に会って正しい洗礼を行っていることを確認した。浦上四番崩れで信徒が「旅」に出るとき、ロケーニュ神父が、信徒に励ましの祈りを行った所でもある。昭和25(1950)年に、聖フランシスコ修道会が、聖母像を建てた。

●県営バス循環「本原教会前」下車、教会の裏山

⑨赤城墓地

潜伏キリシタン墓と聖職者墓地

高尾町の山里中学校裏山の赤城墓地には、信徒たちが、戒名を彫らないでよいように置いた野石(自然石)の墓があり、一角には、信仰復活後の歴代の司教・司祭たちが埋葬されている。

●県営バス循環ほか「山里中前」下車

⑩浦上教会／信仰復活の礎

「浦上四番崩れ」の記憶…

明治6(1873)年の禁教令廃止までの5年間、「浦上四番崩れ」で全国に流配された半数以上が信仰を捨てず浦上にもどったことを記念して、大正9(1920)年に、碑を建てた。

●県営バス循環ほか「浦上天主堂下」

⑪原爆落下中心地公園

上空500mで、原爆は炸裂した

昭和20(1945)年8月9日、午前11時2分、高度9,600mから投下された原子爆弾が、松山町の上空500mで炸裂、一瞬にして73,800人の命を奪い、74,900人が負傷した。信徒8,500人も犠牲となった。松山町は、一人の少女を残して住民全員がなくなったという。この松山町にある原爆落下中心地公園内にある落下中心地の標柱の隣には、原爆により倒壊した旧浦上天主堂の残骸の一部が移築され、生々しい赤レンガ姿を残している。ほか、数多くの平和のモニュメントが並んでいる。

標柱と浦上天主堂遺構

●県営バス循環ほか「松山町」下車

© inu(上・中・下)

赤城墓地より浦上教会を望む

⑫長崎原爆資料館

世界の恒久平和を願って

爆心地から150m離れたところに昭和30（1955）年に建てられた長崎国際文化会館の老朽化に伴い、平成8（1996）年、被爆当時の様子を伝える展示内容を一新して長崎原爆資料館として建て直されたもの。被爆前の長崎から、11時2分という一瞬の時間、原子野、被爆した浦上天主堂…、一歩一歩回廊を歩き進むと、目の前で忘れてはならない歴史が展開されていく。

長崎原爆資料館
●開館時間／8：30～18：30（5月～8月）、
　8：30～20：00（8月7日～9日）
　8：30～17：30（9月～4月）
●休館／12月29日～31日
●駐車場／有料
●観覧料／一般200円　小・中・高校生100円
●〒852-8117　長崎市平野町7-8　Tel：095-844-1231
●http://www1.city.nagasaki.nagasaki.jp/na-bomb/museum/

⑬山王神社／サン・ラザロ病院跡

一本柱鳥居は250年前も語る

浦上の「サン・ラザロ病院」は、現在の本蓮寺にあったサン・ラザロ病院と別にあった、ハンセン病病院。病院の小聖堂で、西坂の処刑地に向かう途中の二十六聖人が最後の休憩を取ったという。山王神社付近にあったらしい。

●長崎電鉄「大学病院前」下車、大学病院旧正門から右へ

⑭坂本国際墓地

永井博士は眠る

26歳のときカトリック信徒となった永井博士は、白血病に苦しみながらも、原爆被災後の救護活動や平和教育などに献身的に取り組み、長崎市の名誉市民第1号となり、明治21（1888）年につくられた国際墓地の門に入ってすぐ左側に、緑夫人とともに眠る。トーマス・グラバーの墓もある。

●長崎バス8番系統「合同庁舎」下車、徒歩5分ほか

©inu

⑮至福の丘・西坂殉教地

ヨハネ・パウロ2世が命名

最初に26人の殉教者が処刑され、記録上でも600人以上のキリシタンが処刑されたこの殉教地を、昭和56（1981）年に巡礼した教皇ヨハネ・パウロ2世が、「至福の丘」と命名。殉教者たちは神と隣人への愛が最高の価値を持つと証明したからである。

●長崎駅から山手に道を渡り、左へ徒歩5分

豆知識　最後の迫害「浦上四番崩れ」

浦上では、キリシタンが潜伏していた時代、“崩れ（くずれ）”と呼ばれるキリシタン検挙事件が4回起きています。その最後の検挙事件が慶応3（1867）年～明治6（1873）年の「浦上四番崩れ」です。

慶応元（1865）年、浦上の人々は、大浦天主堂のプチジャン神父と面会し、新たな信仰生活をむかえましたが、禁教令下では、必ずどこかの寺の檀家でなければならず、浦上の人々も、聖徳寺の檀家となり、寺の葬式の後、「お経消しのオラショ」をすることで、信仰を守り続けてきましたが、慶応3（1867）年、神父の指導を受けた信徒が仏式の葬式を拒み、檀家をやめると庄屋に信仰を表明したため、次々と信徒が検挙される「浦上四番崩れ」が始まりました。

©koike

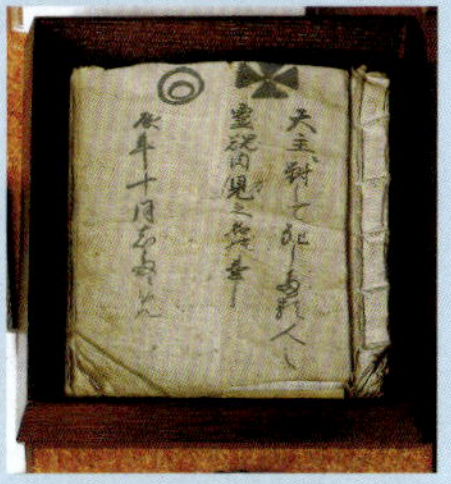

信者代表守山甚三郎の津和野への「旅」への記録（明治5年）
二十六聖人記念館所蔵

3ヵ月後、明治の時代に代わってもキリシタン禁制のまま、新政府は、浦上村の住人3,384人を全国20藩に分けて、彼らが「旅」と呼ぶ「流罪」としました。しかし、各地で信徒が重労働や拷問、飢餓に耐え続けるなか、この事件は、世界各国から批判をうけ、明治6（1873）年、ついに禁教令が廃止されました。

浦上の信徒は、613人が殉教し、1,900人がもどってきました。いっさいの財産をなくした信徒たちは、茶碗のかけらで畑を耕すことからはじめ、やがて信仰の象徴である天主堂の建設に取り組むことになります。その後、明治22（1889）年、明治政府は、信教の自由を憲法で条文化しました。

第8章

長崎郊外巡礼

外海地区に潜伏信者とド・ロ神父の足跡をたどる

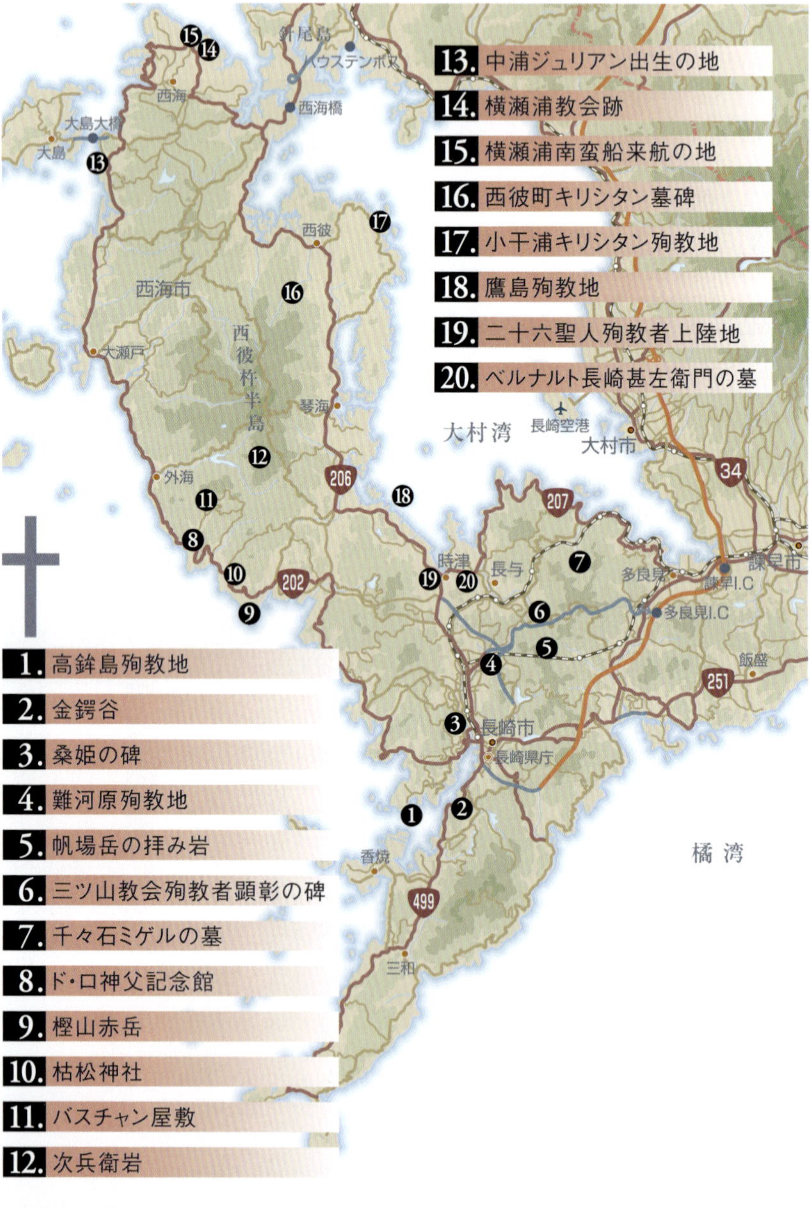

13. 中浦ジュリアン出生の地
14. 横瀬浦教会跡
15. 横瀬浦南蛮船来航の地
16. 西彼町キリシタン墓碑
17. 小干浦キリシタン殉教地
18. 鷹島殉教地
19. 二十六聖人殉教者上陸地
20. ベルナルト長崎甚左衛門の墓

1. 高鉾島殉教地
2. 金鍔谷
3. 桑姫の碑
4. 難河原殉教地
5. 帆場岳の拝み岩
6. 三ツ山教会殉教者顕彰の碑
7. 千々石ミゲルの墓
8. ド・ロ神父記念館
9. 樫山赤岳
10. 枯松神社
11. バスチャン屋敷
12. 次兵衛岩

©inu

高鉾島と岬の聖母

①高鉾島殉教地

伴天連の島

神ノ島の沖合いにある高鉾島では、元和3(1617)年、宣教師をかくまっていたガスパル上田彦次郎とアンドレア吉田が処刑され、海中に投げ捨てられた。西坂で殉教した人々の遺体も投げ込まれた。オランダ人は、papenberg(伴天連の山)と呼んだ。

●長崎バス（神ノ島行）終点下車、聖母像の先に見える

②金鍔谷《きんつばだに》

伝説の男・金鍔次兵衛の隠れ家

聖アウグスチノ修道会の神父・金鍔次兵衛が、寛永年間、迫害におびえる信徒を励ますために、この洞窟を隠れ家として長崎・大村・有馬領内を奔走していた。彼はここで、数々の魔術や不思議なことを行い、金鍔の脇差を武士のように差して活動していたという。

●戸町3丁目の金鍔バス停近くにある岩場の洞

③桑姫の碑

神として祀られたキリシタン

長崎に亡命したキリシタン大名・大友宗麟の孫娘・阿西(おにし)マセンシアは、養蚕業を地元に教えたことで、桑姫と慕われた。慶長10(1605)年に19歳でなくなり、家臣が祠を建てると、後に桑姫神社として地元の人々に祀られるようになった。

●長崎バス（3、4番系統）ロープウェイ前下車、渕神社内

④難河原《なんこら》殉教地

殉教した松浦家の家老のために

享保年間、迫害を避けて木場六枚板に住んだ松浦家の元家老パウロ原田善左衛門夫妻は、難河原で火あぶりとなり殉教した。善左衛門のものと伝えられる遺骨の一片が、三ツ山教会に木場教会殉教者顕彰碑が建てられたとき納められている。

●川平小学校から市街方面へ1㎞ほどくだった赤水平停留所あたりの川岸（長崎バイパス開通で地区は埋まっている）

⑤帆場岳の拝み岩

港に入る船に希望を託して…

帆場岳(三ツ山)には、山頂に拝み岩と呼ばれる二つの岩がある。木場のキリシタンは、コンタツ(ロザリオ)を持って、この岩の間から長崎港に、ローマのパーパ(教皇)が送ったパードレ(神父)の船が入ってくることを待ち望んで祈っていたという。

●西山台から現川、矢上に抜ける山間ルートの峠に入口あり

⑥三ツ山教会殉教者顕彰の碑

木場崩れの犠牲者を追悼

かつてイエズス会の知行地だった木場(現三ツ山町)は、支倉常長に従いローマに行った仙台藩士・松尾大源、黒川市之丞らが、仙台を逃れて農民として隠れ住んだところ。慶応3(1867)年の「浦上四番崩れ」と同時に、「木場三番崩れ」が起こり、125人が大村牢に投獄されて、55人が獄死した。昭和52(1977)年、三ツ山教会敷地内に、この殉教を顕彰して記念碑が建てられた。

●長崎バス（恵の丘行）で犬継下車、徒歩5分

⑦千々石ミゲルの墓

消息不明の少年使節

天正遣欧使節の一人千々石ミゲルは、帰国後、精神的に追いつめられ、棄教し、仕えていた有馬家から追放され、消息が途絶えるが、平成16(2004)年、ミカン畑の一角で、ミゲルの四男が両親のために建てたと見られる墓が発見！と発表された。

●諫早市多良見町船津の琴海中学校近くに案内あり

⑧ド・ロ神父記念館
（外海町出津文化村内、いわし網工場跡）

救助院跡（国指定重要文化財）

いわし網工場跡（県指定有形文化財）

外海に一生を捧げたド・ロ神父の足跡をたどる

外海の父…

マルコ・ド・ロ神父は、1840年、フランスのノルマンディー地方の貴族の家に生まれた。厳格な両親から、農業・建築・工業技術を教え込まれ、神学の道に進み、25歳のとき、パリ外国宣教会の司祭となり、慶応4（1868）年、宣教師として長崎大浦へ。石版画技術を修得していた神父は、長崎や横浜に印刷所を設け、布教のための出版事業に取り組んだ。

明治7（1874）年、天然痘などの病気の治療と予防に奔走し、明治8（1875）年には、国の重要文化財となった大浦の羅典神学校を建設するなど、能力を存分に発揮していた。そして明治12（1879）年、多くのカクレキリシタンが住んでいる外海地区の主任司祭として、出津に着任した。

ド・ロ神父は、伝道師養成所をつくり、翌年の明治15（1882）年に、出津教会の建設をはじめているが、布教活動とともに、信徒だけでなく、外海の貧しい人々すべてが安心して暮らせるよう、自分の財産を惜しみなく投じ、生活する知恵や新しい技術を教え、事業を起こすなど、33年間、外海にすべてを捧げたことにより、「外海の父」と呼ばれた。

功績を物語る建物

外海町出津文化村にあるド・ロ神父記念館は、慈善事業や医療活動に使用した様々な工具類、印刷物、宗教資料など神父の偉業を伝えるものが展示されている。

この建物は、ド・ロ神父が、外海の人々の生活向上のための漁業振興として、明治18（1885）年に建てたイワシ網工場だった。工場が廃止されたあとは、保育所として利用されていた。木骨煉瓦造で、記念館として昭和43年に改修されているが、以前は大野教会のようなド・ロ神父独特の風除けと見られる壁が出入り口の前にあったという。

貧しい女性たちのための社会福祉団体「救助院」の施設で、聖ヨゼフの仕事部屋と呼ばれた建物も残る。1階がマカロニやソーメンなどの工場、2階が織物工場だった。技術指導のほか、読み書きや算術も教えていた。平成15（2003）年、国の重要文化財に指定されている。

©inu（上・中・下）

出津文化村

記念館内のド・ロ神父の功績を物語る遺産

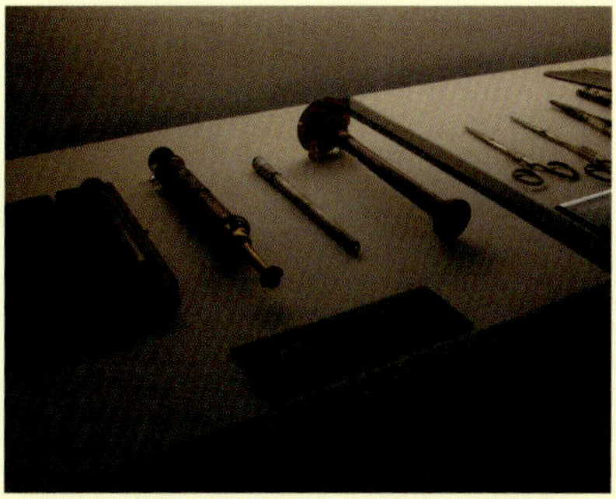

神父は、助産婦養成のための人体模型や医療器具（写真左）をフランスから取り寄せ、西洋医学を教えていた。綿織物の製図や、筬（おさ）や杼（ひ）など織機の道具を使って、糸作りから織り方の指導も行い、海外からメリアス編み機（写真右）なども取り寄せていた。また、キリストの生涯や聖人をたたえる日を一年に配置した教会暦を、日本で最初に石版画印刷で作っている。神父の多彩な技術能力を、数々の展示品から知ることができる。

蘇ったド・ロ神父愛用のオルガン

ド・ロ神父は、神の教えをおぼえやすいように歌にして宣教活動を行っていたという。そのとき使われていたのが、フランスから取り寄せたハルモニウムオルガンだった。

2002年、痛みの激しかったこのオルガンが修復され、再び音を奏でるようになった。記念館を訪れた人に、シスターが弾く聖歌は、100年前の外海の光景を思い浮かばせてくれるだろう。

●〒851-2322
長崎市西出津町2633
Tel：0959-25-1081
●開館時間　9：00～17：00
●休館日　12月29日～1月3日
●駐車場　有
●入館料　一般／300円
（10人以上団体／240円）
小・中・高校生／100円
（10人以上団体／60円）
※歴史民俗資料館の入館料含む
●長崎バス（板ノ浦行）
出津文化村下車
●http://www.f4.dion.ne.jp/~sotome/bunkamura.html

ド・ロ神父が眠る野道の共同墓地

ド・ロ神父は、大正3年、長崎の南山手で74歳の生涯を閉じたが、明治31（1898）年に自ら新設した出津の野道の共同墓地に埋葬された。墓地は、山の斜面につくられ、間に石段が組まれ、入口に神父の墓碑がある。

下は新しい墓碑が並ぶが、上には、外海地方独特の石垣などに使われる平らな石板で作った古代人の墓のような素朴な伏碑が点在し、静かな祈りの場所となっている。

©inu（上2・中・下）

⑨樫山赤岳

ローマへの巡礼

予言を残したバスチャンやその師ジワンが隠れ住み、バスチャンが幹に指先で触って十字架を浮かびあがらせた椿の木があったという、海に面した断崖絶壁の地。遠く浦上の人々も、岩屋山に9回登って樫山の赤岳にむかって祈ると、ローマへの巡礼をしたことになると言われていた。

●長崎バス樫山行終点の左手の山

⑩枯松神社

宣教師が神さま

黒崎東小学校の南東の丘で、バスチャンの師ジワンを、神社を隠れ蓑にして祀った。ジワンは、神社の後の谷に潜伏し、おえんという女性が、毎日、食料を運んでいたが、大雪が続いたとき、飢えと寒さでなくなり、枯松に葬られたという。近くに、ジワンが洗礼に用いたという丸場の井戸がある。

●黒崎教会より長崎市内方向へ行くと、左の山手に案内あり

⑪バスチャン屋敷跡

グリム童話の世界？

畑の横道を歩いていくと、杉木立の奥に異国の森の魔法使いの小屋のような小さな石の家がある。伝道師バスチャンは、最後にこの牧野の「丘の山」に潜伏し、伝道を行ったという。人目につきにくいところだったが、夕餉の煙が見つかり、捕らえられた。洗礼に使う水を汲んだという井戸がある。

●出津教会の長崎寄りの橋近くに案内あり

©inu

バスチャン屋敷跡

⑫次兵衛岩

金鍔次兵衛神父が隠れた洞窟

伝説の神父・金鍔《きんつば》次《じ》兵《へ》衛《え》の隠れ家として、キリシタンたちが守ってきたが、いつしか所在が不明になった。昭和61（1986）年、古老の話をもとに、黒崎在住の信徒・山崎政行氏が発見。奥深い扇山地区の暗い山道を辿ると、ぽっかりと現れた明るい空間にルルドがあり、その上に洞窟はある。

●外海山中で、単独行・まむし他危険、案内人が必要

⑬中浦ジュリアン出生の地

西坂で殉教したローマへの使者

大村領である中浦の領主の子として生まれ、天正10（1582）年、ローマに渡った遣欧使節の副使の一人。帰国後、イエズス会司祭となるが、小倉で捕えられ、西坂で穴吊りの刑となった。出生地の西海町中浦の舘は、昭和43年に県指定史跡となる。

●さいかい交通「中浦局前」より、徒歩5分

豆知識

バスチャン

バスチャンは、殉教や追放で外国人宣教師が消えていくなか、師ジワンとともに活躍した深堀出身の日本人伝道師。各地を転々と潜伏し、ジワンの教えをもとに「バスチャンの日繰り（教会暦）」「バスチャンの四つの予言」などを残しました。バスチャンは牧野の「丘の山」で捕らえられ、長崎の桜町牢で、3年3ヶ月の間に、78回の拷問を受け、斬首されたといいます。キリシタンたちは、バスチャンの教えを心の支えに、信仰を守り通し、長い時を経て、予言が「本当」だったことを知ることになります。

バスチャンの四つの予言

一、お前たちを七代までは、わが子とみなすが、それからあとはアニマ（魂）の助かりが困難になる。
二、コンヘソーロ（告白を聞く司祭）が大きな黒船に乗ってやって来る。毎週でもコンヒサン（告白）ができるようになる。
三、どこでも大声でキリシタンの歌をうたって歩ける時代がくる。
四、道でゼンチョ（異教徒）に出会うと、先方が道をゆずるようになる。

⑭横瀬浦教会跡

キリシタン大名第1号誕生の地

永禄5(1562)年、大村純忠は、ポルトガル船を、平戸からこの横瀬浦に入港させ、10年間の停泊料の免除とともに、横瀬浦の半分を教会の敷地として与えた。邸宅近くに教会が建てられ、港は「御助けの聖母の港」と呼ばれた。翌年純忠は、25人の重臣と、この教会で洗礼を受け、キリシタンとなる。

●さいかい交通「横瀬」より

⑮横瀬浦南蛮船来航の地

2年で消えた御助けの聖母の港

南蛮船の港は、平戸から横瀬浦に移ったのもつかの間、2隻目の船が出港する直前に、大村家の反キリシタンの武士たちのクーデターで、教会が焼かれ、港の入口の八の子島の大十字架も引き抜かれ、わずか2年で閉じた。昭和16年、県指定史跡となる。

●さいかい交通「横瀬」より

©inu　横瀬浦風景

⑯西彼町キリシタン墓碑

INRIと彫られた花十字紋の墓

西彼町平原郷にある、松浦氏の家臣でキリシタンの相川勘解由の墓といわれ、自然石に花十字紋と「ユダヤ人の王ナザレのイエス」というラテン語の頭文字ＩＮＲＩという字が彫られている。

●長崎から西海橋方面へ、形上をすぎ白似田バス停付近を左へ

⑰小干浦キリシタン殉教地

遺骨が発見された殉教者親子

宣教師をかくまって処刑された小干浦《こぼしうら》の殉教者親子の遺骨を納めた木箱と横文字で名前を彫った銅版が、明治の末、長崎の葉山の竹林で発見された。出島のカピタンがマニラに送るために作ったものらしい。340年を経て遺骨はふるさとに帰る。

●国道206号線を長崎方向より長崎バイオパークを過ぎて右に入り、亀浦郷小干へ

⑱鷹島殉教地

大村湾に浮かぶ小島の悲劇

元和3(1617)年、背教者を改心させるために死を覚悟して活動していた2人の宣教師を捕えた大村藩は、キリシタンたちに殉教地がわからないよう大村湾の島々を回り、鷹島で処刑した。その前に処刑した2人の神父とともに棺にいれて2つの棺を海に投げ込んだが、半年後に浜辺に1つの棺が打ち上げられ、遺体はマニラに送られたという。

●二十六聖人上陸地よりすぐ左手に見える島

⑲時津二十六聖人殉教者上陸地

東彼杵から舟で時津の浜に…

1597年(2月4日)の午後、二十六聖人たちは東彼杵から、大村湾を舟で渡って、その日の午後11時ごろ時津に着いた。寒さの中、一晩、舟の上で過ごし、翌朝上陸し、西坂の刑場にむかった。

●長崎バス「時津」下車、徒歩2分、時津港発着場

⑳ベルナルト長崎甚左衛門の墓

キリシタン領主の終焉の地

長崎の領主だった甚左衛門は、長崎が幕府直轄となると、筑後の田中氏に仕え、晩年は横瀬浦で信仰を貫いたが、時津に仏式で葬られた。

●長崎バス(溝川行)終点より「小島田」に戻り右へ入り5分

豆知識

神出鬼没、次兵衛

金鍔次兵衛は、ドラード神父が院長を勤めるマカオのセミナリヨで学び、聖アウグスチノ修道会の神父となった人。トマス・デ・サン・アウグスチノと呼ばれた。

彼は日本に戻り、大胆にも奉行所の馬丁に雇われ、牢内の神父たちを助けたり、「次兵衛岩」や「金鍔谷」などを拠点に、教えを説いたりした。九州から江戸まで転々と居場所を変え、追手をかわしたことから、「金鍔」は海の上を渡るとか空を飛ぶとか、魔術を使うなどと言われた。しかし、密告によって捕えられ、西坂で穴吊りとなり、35歳でなくなったことが記録されている。

©hisa

次兵衛像
二十六聖人記念館所蔵

第9章

大村湾巡礼

キリシタン大名の終焉の地周辺に残る迫害の傷跡

1. 東彼杵二十六聖人乗船地
2. 東彼杵キリシタン墓碑
3. 十二社権現殉教地
4. 今富キリシタン墓碑
5. 仏谷キリシタン洞窟
6. 田下キリシタン墓碑
7. 大村純忠終焉の地
8. 首塚跡
9. 胴塚跡
10. 放虎原殉教地
11. 獄門所跡
12. 妻子別れの石
13. マリナ伊奈姫の墓
14. 鈴田牢跡
15. コンスタンチノ・ドラード像

殉教者たちはここ（東彼杵の乗船地）から冬の大村湾を渡って時津に上陸する

①東彼杵二十六聖人乗船地

大村湾を渡って受刑地西坂へ…

慶長元年（1597年1月はじめ）に京都をたち、刑場への苦痛の道程を1ヵ月近く歩いて、処刑の前日の夕刻、東彼杵の浜に着いた二十六聖人は、3隻の舟にわかれて乗って大村湾を斜めに、時津へと渡った。乗船した場所に、昭和61（1986）年、自然石の記念碑が建てられた。「日本二十六聖人乗船場跡　聖ペトロ・バウチスタの涙」と刻まれている。

●東彼杵「道の駅彼杵の庄」より入り、川筋を海へ出る

②東彼杵キリシタン墓碑

庭先の祖先の墓碑

東彼杵町瀬戸郷、一瀬家の庭先で、祖先の墓碑として祀られているもの。自然石に、花十字紋と縦書で2行「元和七年　一瀬□□」と刻まれている。昭和37（1962）年、県指定史跡となっている。

●ＪＲ大村線・千綿駅より北に向かって徒歩10分

③十二社権現《じゅうにしゃごんげん》殉教地

折れた鳥居が記念碑のように…

慶長19（1614）年に宣教師追放令が出された後も、多くの宣教師が残っていたが、元和13（1617）年、ジョアン・バウチスタ・マシャド神父とペドロ神父が、ここで斬首された。大村で最初の殉教者である。この殉教の跡にあるのは、折れた鳥居だという。

●大村市今富の北西の帯取の丘の上

④今富キリシタン墓碑

たてられたキリシタン墓碑

永禄6（1563）年に、主君純忠と横瀬浦で洗礼を受け、キリシタンとなった大村家の重臣・一瀬越智相模栄正（天正4〈1576〉年没）の戒名を刻んだ墓碑。十字紋（千十字）を刻んだ蒲鉾型の伏碑の底面を正面にして立て、日蓮宗の戒名を刻んである。上を覗き込むと十字を見ることができる。子孫が弾圧を免れるために起こしたらしく、破壊されずに残ったキリシタン墓碑で、2007年の調査で慶長19（1614）年没の女性のものである可能性がでた。県指定史跡。

●今富町の今富バス停を右折すると案内があり、坂を上る

©inu(上・下)

坂口館（大村純忠終焉の地）を流れる小川の水は枯れたことがないという

⑤仏谷キリシタン洞窟

「郡崩れ」発端の洞窟

近年まで、耶蘇谷と呼ばれていた萱瀬ダムの下の仏の谷にある洞窟。黒丸の農民六左衛門の祖母が、岩陰にキリストの絵像を隠して布教を続けていたという。明暦3(1657)年、この洞窟周辺を中心に、郡川流域の潜伏キリシタン608人が捕えられ、多くの殉教者がでた。これが「郡崩れ」である。

●国道444号線、萱瀬ダム手前の左山中、案内人が必要

⑥田下《たじも》キリシタン墓碑

戒名を刻んで…

承応2(1653)年、郡崩れ直前に建てられた蓋石型の墓碑が2基ある。片方は仏式の戒名が彫ってあり、片方は無紋無名である。

●国道444号線、萱瀬ダムの手前の萱瀬中学を過ぎてしばらく進んだ田下に墓碑の案内があり

⑦大村純忠終焉の地（坂口館跡）

日本初のキリシタン大名の隠居所

竜造寺隆信の圧力で領主の座を退いた大村純忠が、信仰を守りとおし、天正15(1587)年、55歳の生涯を閉じた場所で、重臣庄頼甫《しょうよりすけ》の屋敷(坂口の館)だった。山の中腹にたどり着いた印象を持たせる石組の庭は、静寂な空間である。

●国道444号線と長崎道が交差する荒瀬郵便局近く

⑧首塚跡

「郡崩れ」の殉教者たちが眠る

「郡崩れ」のとき、放虎原で斬首された殉教者131人の首だけを埋めたという。殉教者がひざまづいて祈る姿をかたどった青銅の像がある。

●大村インターを降りて国道34号線との交差点を彼杵に500mほど行った左手50m先にある

⑨胴塚跡

復活を恐れて別々に…

斬首されたキリシタンの首と胴を「一緒に埋めると、キリシタンは妖術で生きかえる」ことを恐れて、刑を執行した役人は、殉教者たちの首と胴を500mほど離して別々に埋めたという。

●大村インターから国道34号線を過ぎた右の竹林の奥にある。

⑩放虎原殉教地

「郡崩れ」の処刑地

大村領内でもっとも多くの殉教者の血が流れたのは、処刑地・放虎原《ほうこばる》。慶長遣欧使節の支倉常長をローマに案内したフランシスコ会のルイス・ソテロ神父も、ここで火あぶりになった。そして、「郡崩れ」で捕えられた人のうちの大村牢に入れられた131人の大殉教がここでの最後の処刑である。

●国道34号線松並２丁目、案内あり

⑪獄門所跡

殉教者の首をさらす

聖母像が目印。「郡崩れ」で捕えられ、放虎原で処刑された131人の殉教者の首を、見せしめに20日間、ここにさらしたという。

●国道34号線松並１丁目の交差点を放虎原と逆に折れて、突き当たって左折する

⑫妻子別れの石

別名「涙石」

国道34号線沿いの西小路にある石。ここは、今から処刑されるキリシタンが、妻子と最後の別れを告げた放虎原の刑場の入口だったという。その入口の石は、家族の流す涙で苔が生えることがなかったといわれ、「涙石」の別名をもつ。

●国道34号線沿い杭出津3丁目、郵便局近くにある墓地

⑬マリナ伊奈姫の墓

棄教を拒んだ純忠の長女

妻子別れの石のそばにあるキリシタン大名・大村純忠の長女・マリナ伊奈姫の墓。マリナ伊奈姫の弟の喜前は棄教し、きびしいキリシタン迫害を行ったが、姫は棄教を拒み、戸根(琴海町)の領地で日蓮宗を装って庵を結び、宣教師をかくまっていた。夫の浅田大学頭《あさだだいがくのかみ》純盛《すみもり》も主君純忠とともに横瀬浦で洗礼をうけた熱心なキリシタンだったという。

●国道34号線沿い杭出津3丁目、郵便局近くにある墓地

⑭鈴田牢跡

30数名の宣教師を閉じ込めた牢

慶長19(1614)年の禁教令ののち、元和3(1617)年〜元和8(1622)年、竹の柱で囲んだ鳥籠のような12畳の牢屋に外国人宣教師30数人が閉じ込められた。身動きもままならず、横になって寝るなどできなかったという。国道34号線から東浦でJR大村線の踏切を渡り、陰平郷に入ると、記念の大十字架がたっている。

●国道34号線東浦で大村貝津線へ、三鈴大橋を越え200m先左

⑮コンスタンチノ・ドラード像

印刷技術を持ち帰った少年

日本名は不明。永禄10(1567)年ころ諫早に生まれ、有馬のセミナリヨにいたらしい。外国語が堪能で、天正遣欧使節に同行して、ポルトガルで印刷と活字の字母の製造を学んだ。帰国途中、マカオで書かれた遣欧使節の記録の印刷を日本人として初めて行い、その後、仮名や漢字の金属活字を制作し、持ち帰った印刷機で、数々の印刷を行う。巡察師ヴァリニャーノの通訳も勤め、マカオに追放されてからは、セミナリヨの院長となる。2004年、諫早市立図書館に、功績を称えて制作されたドラード像が寄贈された。

●諫早市東小路町諫早市図書館内

写真提供:㈱昭和堂

豆知識

一番最初の「崩れ」

宣教師の追放や殉教で、指導者を持たず、キリシタンたちは密かに潜伏していましたが、明暦3(1657)年、大村領内の郡川流域でその存在が発覚し、608人が囚われました。411人が処刑、78人が牢死、20人が永牢(終身刑)となりました。彼らは、長崎・大村・平戸・佐賀・島原の5ヵ所に投獄され、それぞれの地で処刑が行われました。大村では131人が牢に入れられ、放虎原で処刑されています。これが「崩れ」と呼ばれるキリシタン大検挙事件の最初のものです。

©inu

放虎原殉教地記念碑

大村純忠の時代、主君を筆頭に、領内に6万人を超えるキリシタンがいましたが、息子の喜前は、大村藩初代藩主となると、幕府の政策に逆らえず、棄教して、迫害の側にたち、「郡崩れ」以降、大村藩では徹底した探索と仏教化を行っていたため、外海・浦上を除いて、キリシタンがいなくなってしまいました。

これ以降、「信徒発見」まで、キリシタンたちは、深く潜伏した信仰生活を送ることになります。

第10章

平戸巡礼

ザビエル上陸から始まる布教ゆかりの地をたどる

1. 聖トマス西列聖記念碑
2. 平戸市切支丹資料館
3. ザビエル記念碑
4. ペドロ・バプチスタ上陸記念碑
5. 焼罪 カミロ神父殉教地
6. 黒島の信仰復活の碑

©inu(上・下)

多くの殉教者が出た中江ノ島を望む

①聖トマス西列聖記念碑

西坂の丘で殉教した16聖人

有馬のセミナリヨで学び、マニラで司祭となった生月《いきつき》出身の聖トマス西は、寛永6(1629)年、密かに日本にもどり、広島・長崎で布教を行い、西坂で殉教。昭和62(1987)年に聖人の位にあげられた。父・ガスパル西玄可は、生月で最初の殉教者である。

●山田教会（北松浦郡生月町山田免442）内

ガスパルさまの墓（黒瀬の辻）

②平戸市切支丹資料館

根獅子《ねしこ》のキリシタンの歴史を紡ぐ

天文19(1550)年のザビエルの平戸訪問後、永禄5(1562)年、あとをまかされたトーレス神父らによって、根獅子はキリシタンの里となり、寛永12(1635)年、根獅子の浜で多くの人が処刑された。その後、潜伏し「納戸神」を祀って信仰を守り通した人々の歴史を、資料館では紹介する。

●平戸島西海岸根獅子

③ザビエル記念碑

長崎の教会の歴史の始まり

天文19(1550)年、ポルトガル船が平戸に初めて入港したことを聞いたフランシスコ・ザビエルは、鹿児島から、同年6月に平戸へ行き、9月には、トーレス神父、フェルナンデス神父らと再び平戸を訪れ、1ヵ月ほどで100人くらいの人々を信者にした。長崎の教会の歴史は、平戸からはじまった。昭和24(1949)年、ザビエル渡来400年の際、崎方公園に、記念碑が建てられた。

©hisa

●平戸教会より徒歩10分、平戸港を見下ろす高台にある

④ペトロ・バプチスタ上陸記念碑

26聖人の一人バプチスタ

文禄2(1593)年、平戸に上陸したバプチスタ神父は、肥前名護屋で秀吉と会見し、京都で寺の跡地をもらって、教会や病院を建て、福祉と宣教を行った。平成8(1996)年、二十六聖人の殉教400年を前に、神父を称えて記念碑が建てられた。

●平戸城下亀岡公園内の平戸市観光協会駐車場にある

⑤焼罪《やいざ》 カミロ神父殉教地

焼罪《やいざ》の丘の処刑

カミロ・コンスタンツォ神父は、慶長10(1605)年に来日、小倉・堺で活動し、マカオに追放されたものの、再び日本に潜入して、佐賀や生月で活動し、宇久島で捕えられた。元和8(1622)年、田平の焼罪の丘で火あぶりとなって殉教した。

●田平町漁協より平戸大橋を背に左折、ホテルたびらんどの駐車場をすぎて真下

⑥黒島の信仰復活の碑

キリシタンからカトリックの島へ

禁教令が廃止された明治6(1873)年、黒島はすでにカトリックの島になっていた。碑は、禁教令下、黒島で最初のミサが捧げられたことを記念する。

●佐世保市相浦港からフェリーで黒島白馬港、桟橋から約3km

第11章

五島巡礼

聞いて天国、行ってみて地獄、五島崩れの惨劇跡

1. 頭ケ島・キリシタン墓地
2. 鯛ノ浦殉教地
3. 鯛ノ浦・ブレル神父遭難記念碑
4. 鯛ノ浦養育院
5. 鯛ノ浦のルルド
6. 浜串港・希望の聖母像
7. 若松島・キリシタン洞窟
8. 久賀島・牢屋の窄殉教地
9. 堂崎教会・聖ヨハネ五島像
10. 堂崎教会・出会いのレリーフ
11. 奥浦慈恵院

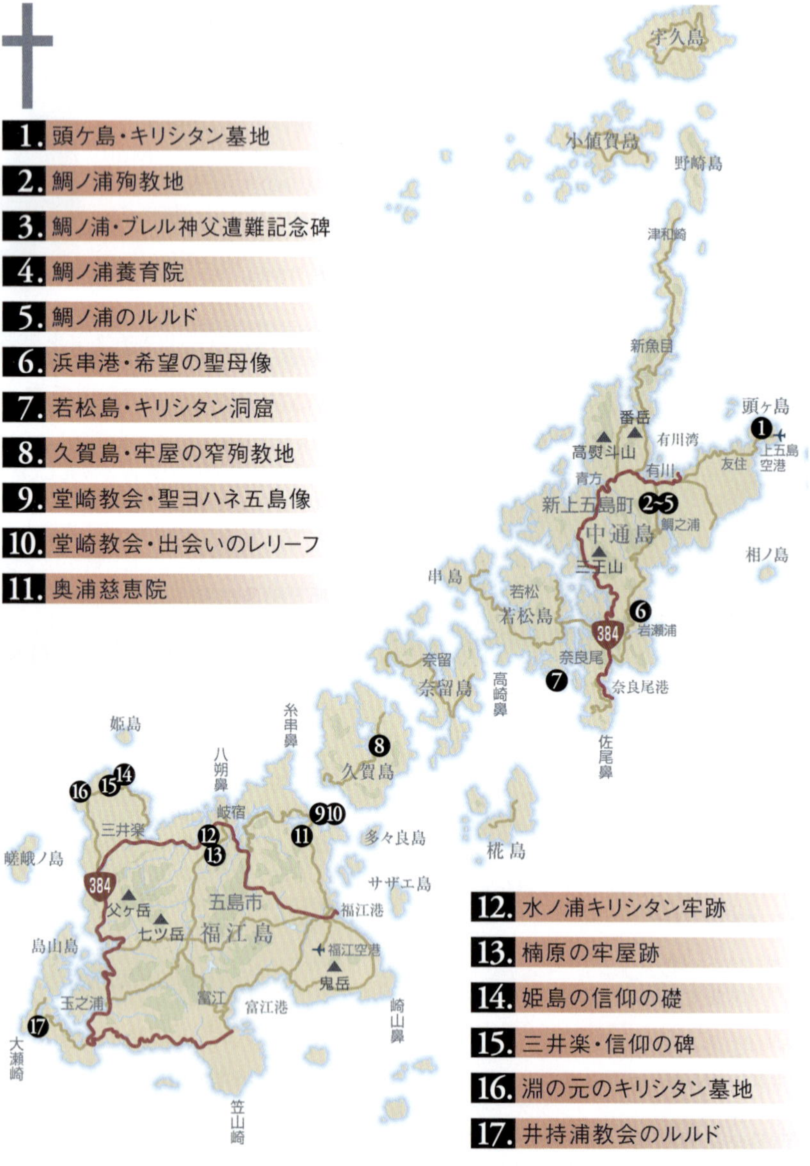

12. 水ノ浦キリシタン牢跡
13. 楠原の牢屋跡
14. 姫島の信仰の礎
15. 三井楽・信仰の碑
16. 淵の元のキリシタン墓地
17. 井持浦教会のルルド

①頭ヶ島・キリシタン墓地

心の琴線を鳴らす波の音と共に…

潜伏キリシタンの里であった頭ヶ島の教会下の砂浜には、100基以上のキリシタンの墓が並ぶ。この島に生き、信仰を守った人々の姿が目に浮かぶ。浜辺に打ち寄せる波の音は、哀しい歴史を物語る鎮魂歌のようである。

©inu

●南松浦郡新上五島町友住郷頭ヶ島　頭ヶ島教会下

②鯛ノ浦殉教地

六人切事件の犠牲者に捧げて

明治3(1870)年３月、鯛ノ浦で、新刀の試し切りのために突然押し入ってきた４人の有川の郷士によって、胎児を含めた２家族6人のキリシタンが惨殺される事件がおきた。村人が密かに遺体を埋葬した場所に、大十字架が建てられている。

●南松浦郡新上五島町鯛ノ浦郷326　鯛ノ浦教会

③鯛ノ浦・ブレル神父遭難記念碑

聖者の遺徳を偲ぶ

明治13(1880)年より、鯛ノ浦で上五島の司牧に当たったフランス人ブレル神父は、養護施設(現在の希望の灯学園)や布教のための教育施設を設立していき、人々に慕われていた。明治18(1885)年、出津に出かけていた師のもとに、死の間際の信者の臨終の秘跡を求めて迎えの船が来たが、有川湾の平島付近でしけのために遭難してしまった。明治20(1887)年、上五島の信徒たちは、師の遺徳を偲び、遺品を埋めた墓に八角形の大墓標を建て、その傍らに死をともにした12人の若い信徒たちの遺品を埋葬し、石碑を建てた。

かつては伊王島に、現在、明治村に保存してある旧大明寺教会は、ブレル神父の指導のもとに建てられた。

●南松浦郡新上五島町鯛ノ浦郷326 鯛ノ浦教会共同墓地

④鯛ノ浦養育院

子どもたちの命を救ったブレル師

五島で子どもの間引きや不義の子の堕胎などが行われていたのをみて、心を痛めたブレル神父は、悪しき慣習を戒め、不幸な子どもたちの救済活動をはじめた。明治14(1881)年、師は私財を投じて、鯛ノ浦郷中野に土地を購入し、４畳半くらいの藁葺きの家を建てて、孤児を集めた。当初は「子部屋」と呼ばれ、後に「鯛ノ浦養育院」となり、現在の養護施設「希望の灯学園」の前身となった。

●南松浦郡新上五島町鯛ノ浦郷326　鯛ノ浦教会

⑤鯛ノ浦のルルド

上五島一番の巡礼地

日本最古のルルドである下五島の井持浦のルルドに対して、上五島のルルド参詣地が欲しいという信徒の希望から、鯛ノ浦出身の彫刻家・中田秀和氏の監督によって、昭和38(1963)年完成。山の斜面に洞窟を造り、中田氏制作の美しい無原罪の御宿りの聖母マリア像がおかれ、ミサ用の祭壇も設置した。上五島一番の巡礼地となった。

⑥浜串港・希望の聖母像

海を守るマリア様

浜串港入口の岬の突端にある幼子を抱く聖母像は、「無原罪の御孕りの教義制定100周年」を記念し、港を出入りする船の安全と豊漁を祈願して建てられた。海からもどると信徒たちは、家族揃って感謝の気持ちをこめて聖母像の前でロザリオの祈りを唱えるという。毎年聖母月には、聖母像から教会まで、聖母行列が行われる。

©hisa

⑦若松島・キリシタン洞窟

五島崩れの迫害を逃れて

若松島の西南にある断崖絶壁の奥行き50mほどの洞窟。現在でも船でしか訪れることができないこの洞窟に、若松島・土井ノ浦の潜伏キリシタンたちが五島崩れの迫害を避けて隠れ住んでいた。見つからないよう煮炊きにも注意していたが、沖を通った船に洞窟でのたき火の煙を発見され、捕らえられてしまったという。現在、キリスト像が洞窟入口に建てられ、土井ノ浦の信徒たちは、「死者の日(11月2日)」のころ、この洞窟で、祈りを捧げ、炊事をして、先祖の遺徳を偲ぶのだそうだ。

©hisa

●海上タクシーを利用

⑧久賀島・牢屋の窄殉教地

五島崩れ・発端の地

大浦天主堂ができても日本人の信仰の自由はなかったが、真のカトリック信者としての信仰を知った久賀島の人々は、寺請制度を拒否し、信仰を公にした。これを機に「五島崩れ」と呼ばれるキリシタン弾圧がはじまる。大開・松ヶ浦の6坪の仮牢に、幼児から老人まで男女200人余が足もつかない状態で8ヶ月間押し込められ、拷問を受けたが、苦しみのあとの復活を信じて42人もの人が殉教。牢屋跡には記念碑が、横に記念聖堂がある。

©inu

●五島市久賀町大開

⑨堂崎教会・聖ヨハネ五島像

五島出身の二十六聖人

聖ヨハネ五島は、日本で最初の殉教者のひとりとして、長崎・西坂で処刑されたとき、まだ19歳の少年だった。五島のキリシタンの家に生まれた。大坂でモレホン神父と同じところに宿泊していたが、秀吉による逮捕命令が出たとき、神父の身代わりとなって捕えられた。長崎の西坂で、息子の最後を見届けにきた父に、「信仰のために喜んで命をささげるよう」励ましたという。二十六聖人に捧げて建てられた堂崎教会の庭には、聖ヨハネ五島が十字架のうえで殉教する姿の銅像が建てられている。

©mine

●五島市奥浦町堂崎2019

⑩堂崎教会・出会いのレリーフ

五島で最初の布教の地

永禄9(1566)年、イエズス会の宣教師ルイス・デ・アルメイダと通訳を務めた日本人修道士ロレンソ了斎が五島を訪れ、布教活動を始めた。堂崎教会の庭には、五島の第18代藩主・宇久純定公に2人で宣教している場面を描いたレリーフがある。医師でもあったアルメイダは、藩主の病気治療のために呼ばれたのだが、これが、五島に初めてのキリスト教の種が蒔かれるきっかけとなった。

©mine

●五島市奥浦町堂崎2019

⑪奥浦慈恵院跡

五島で最初の児童福祉施設

福江島奥浦湾の入口近くの丘の上にある。明治13(1880)年、パリ外国宣教会のマルマン神父が、孤児や病弱な子どもたちを救済する養護施設として、まず平蔵郷の大泊に建て、すぐに堂崎に、明治37(1904)年から平成18(2006)年まで奥浦にあった。施設は「子部屋」と呼ばれ、この事業を支える女性たちの集まりを「女部屋」と呼んだが、その後、島内の各所にできた施設の発祥の地となった。

●五島市奥浦町1816　少し先に堂崎教会がある。

⑫水ノ浦キリシタン牢跡

クリスマスの夜の悲劇

五島崩れは、五島全土に広がり、水ノ浦においても、明治元(1868)年のクリスマスの夜、帳方水浦久三郎宅でナタラ(クリスマス)のオラショをしようとしていたところを捕えられ、久三郎宅は仮牢となって60人余りが拷問を受けたという。現在、水ノ浦教会の横に記念碑が建てられている。

●五島市岐宿町水ノ浦1644　水ノ浦教会

⑬楠原の牢屋跡

厳寒の牢生活

水ノ浦の信徒の検挙のあと、南の山中の楠原でも信仰を公にした信徒たちが捕えられ、帳方の狩浦《かりうら》喜代助《きよすけ》の家が仮牢となり、厳寒の生活を送る。その後、水ノ浦の牢に送られて、棄教を迫る算木責め、水責めを受けた。現在、牢跡には、中田秀和氏制作の農民像が置かれている。

●五島市岐宿町東楠原

⑭姫島の信仰の礎

無人となったキリシタンの島

三井楽の北、東シナ海にうかぶ姫島は、キリシタンの島だったが、昭和34(1959)年のブラジル移民を機に、昭和40(1965)年までに無人島になった。姫島を離れた信徒たちは信仰の歴史を子孫に伝えようと、昭和62(1987)年に、三井楽教会内に、姫島の御影石で「各地に広がる姫島の人々の信仰の礎」の碑を建てた。

●五島市三井楽町岳　三井楽教会境内

⑮三井楽・信仰の碑

岳地区の五島崩れ

五島崩れの波は同じころに岳地区も襲い、信徒は捕えられ、代官屋敷で拷問を受け、岳の山下善三郎《ぜんざぶろう》の家を仮牢にして、押し込められたという。現在、この牢屋跡に信仰を貫いた先祖に捧げて「信仰の碑」がたてられている。

●五島市三井楽町岳郷　三井楽教会近く

⑯淵の元のキリシタン墓地

海にしずむ夕日に浮かぶ絶景

三井楽教会の西にある渕の元の海岸に、東シナ海にむかって、十字架の墓標やマリア像が立ち並ぶキリシタン墓地がある。海にしずむ夕日に照らされて浮かびあがる美しいシルエットは、迫害に苦しみながら生きた先祖の姿を思い浮かばせ、厳粛な気持ちにさせられてしまう。

●五島市三井楽町渕の元　©hisa

⑰井持浦教会のルルド

日本最初のルルド

©hisa

1858年フランスのルルドで、一少女に現れ、奇跡をおこした聖母に捧げて建てられた井持浦教会で、明治32(1899)年、五島全域の信徒が各地の奇石・珍石・美石を持ち寄って、「ルルドの洞窟」がつくられた。そしてルルドから取り寄せた聖母像を洞窟に納め、聖母が現れた場所から湧いた泉の水も取り寄せて注ぎいれた。日本で最初のルルドには、日本全国から巡礼者が訪れる。

●五島市玉之浦町玉之浦1243　井持浦教会境内

第12章

天草・島原半島巡礼

セミナリヨ栄光の歴史が一転、暗黒の地獄絵に

①千々石ミゲル記念碑

天正遣欧使節正使、誕生の地

千々石ミゲルは、有馬晴純の三男で千々石城主・直員の子として、千々石・釜蓋城で生まれた。父が、大村純忠の弟であったことから、13歳のとき、天正遣欧使節の正使に選ばれた。千々石総合庁舎玄関前には、ミゲル像がある。

●雲仙市千々石町橘神社の上、釜蓋展望所横の一角にある

②茂無田のキリシタン墓碑

かまぼこ型の大型墓石

雲仙市小浜町茂無田の共同墓地の中にある、台の上に乗った蒲鉾のような形の墓石。表面には、名前や十字などは彫られていないが、ポルトガルなどにある「樽型墓碑」と共通する形で、保存状態もよく、昭和52(1977)年、県指定史跡となっている。

●雲仙グリーンロード目付石大橋下流、金浜川沿い

③雲仙地獄殉教地

焦熱地獄の苦しみを耐えて

島原城主となった松倉重政は、当初キリシタンに寛容だったが、幕府のキリシタンに対する政策が厳しくなると、一転して雲仙地獄でのキリシタン迫害を行うようになった。地獄の熱湯をかけるなどして転宗を迫るもので、長崎奉行・竹中采女も次々にキリシタンを雲仙に送り、残酷な拷問を行った。寛永4(1627)年〜寛永8(1631)年の5年間、多くの人々がこの地獄の責めにあった。1669年に発行されたモンタヌス著の『日本紀行』(二十六聖人記念館所蔵)のなかには、雲仙地獄の拷問の様子が描かれている。殉教の場所は、定かでないが、「お糸地獄」に、殉教した人々を称えた記念碑が2つある。1つは徳富蘇峰の書による「聖火燃ゆの碑」が昭和14(1939)年に、1つは長崎大司教区によって6名の福者殉教者の名前が記された大十字架が昭和36(1961)年に建てられた。

©hisa

●雲仙地獄内、上の方に見える大十字架が目印

④金山城跡

島原半島に最後に残った教会?

©inu(左・右)

慶長7(1602)年、肥後愛藤寺城から有馬晴信の招きで、金山城(国見町土黒)に入ったキリシタン武士・結城弥平次は、この地で布教活動を行ったという。キリシタン迫害が激しくなって、結城は懸命に信仰を守り戦うが、消息は不明になっている。

●愛野より雲仙グリーンロードに入り、金山で右折、右手の丘

⑤まだれいなの墓碑

鄙びた自然石

共同墓地内にある墓碑で、キリシタン墓碑は伏碑が多いなかで、自然石を立てている。中央に浅い四角のくぼみをつけて、中に十字紋と、「まだれいな」という女性の名前が、刻まれている。昭和2(1927)年に県指定史跡となっている。

●三会・島原新港から山手に入った島原市山寺町にある

⑥島原の殉教地

厳寒の有明の海にさらされて

寛永4年(1627年2月21日)、パウロ内堀作右衛門の息子3人のほか16人が父パウロの目の前で、指切や冷たい有明海に浸される拷問を受け、殉教。その後、パウロは、松倉重政によってはじまった地獄責めによって、雲仙で殉教したという。

●街から有明海にでて、海にむかって思いにふけってほしい

⑦島原城

島原のキリシタン史料を集めて

島原藩主となってキリシタン迫害を行った松倉重政が、7年の歳月をかけてつくった「森岳城」とも呼ばれる城で、昭和39(1964)年、改修され、島原に南蛮文化が栄えた時代や禁教時代、島原の乱の遺物を集めた、キリシタン史料館となった。

●開館時間 9：00〜17：00●入館料 大人520円、小人260円
●Tel：0957-62-4766

⑧今村刑場殉教地

ナヴァル口神父と信徒3人が…

元和8(1622)年、イエズス会の神父と3人の信徒の火刑にはじまり、万治元(1658)年の大村郡崩れで捕えられた信徒の斬首が最後となった。

●島原教会近く、白土湖の湖水橋を渡って700m上がった新山2丁目（わかくさ保育園の隣）。

⑨キリシタン史跡公園

純白の十字架が目印

「島原の乱後350年忌」を記念して、桜馬場に史跡公園をつくり、墓碑が集められた。この中には、石垣にはめ込まれていたという「慶長十二年丁未　類子三月二十四日」と彫られた平石の墓碑(県指定史跡)もある。

●国道251号線より有家から雲仙へ行く県道132号線に入ると案内あり

⑩有家セミナリヨ跡

若者たちがヨーロッパを学ぶ

©inu(上・下)

文禄4(1595)年、八良尾セミナリヨが放火で全焼したため、有家で以前コレジヨとして使われていた建物を急遽セミナリヨとして使用した。しかし、慶長元(1597)年の二十六聖人の殉教の後にキリシタンの迫害が始まり、有家のセミナリヨは、最上級の生徒だけを連れて、長崎のトードス・オス・サントス教会に移された。

明治2(1869)年、大浦のプチジャン神父がローマに行く途中、マニラでフランシスコ会の修道士から2枚の銅版画を渡された。1枚は1596年制作の「聖家族」、1枚は1597年制作の「セビリアの聖母」。いずれも「有家」で制作されたものだった(現在、県指定有形文化財)。有家町は、この「セビリアの聖母」を復刻して、平成10(1998)年、ローマ教皇とスペインのセビリア大聖堂に献上した。

●南島原市有家町国道251号線と県道132号線の交差点近くの国道沿い

⑪西有家町キリシタン墓碑

日本最古のローマ字の墓碑

須川共同墓地で昭和4年に発見された半円柱(蒲鉾型)蓋石型の美しい墓碑で、半円の面に「FIRISACYEMO.DIOG.XONE□□GOX.IRAI.1610 IVG.16.QEICHO15」と、ポルトガル式綴りと省略法を用いた日本最古と言われるローマ字の金石文が彫られている。慶長15(1610)年に死亡したキリシタンのものらしい。昭和34(1959)年に国指定史跡となっている。

●南島原市役所と須川港の間の向（島鉄バス）横の共同墓地内

⑫有馬のセミナリヨと殉教地

日本で最初のセミナリヨ

巡察師ヴァリニャーノは、シモ(豊後以外の九州)の布教をする人材養成のために日本で最初のセミナリヨを、天正8(1580)年、有馬晴信の居城・日野江城下につくった。

最初の学生の中には、天正遣欧使節である伊東マンショ、千々石ミゲル、中浦ジュリアン、原マルチノがいた。

平成21(2009)年、有馬川のほとりに前年列福された殉教者の殉教巡礼地が整備された。(南島原市北有馬支所のすぐ近くにある)

©hisa

●北有馬駅より通りを一本過ぎて、突き当たりを左に折れると案内あり

⑬原城跡

天草四郎が陣取った古戦場跡

島原の乱の舞台。天然の要塞を持つ平城だったが、キリシタン大名の有馬晴信が慶長17(1612)年に処刑され、島原藩主として入ってきた松倉重政が島原城(森岳城)をつくったので、原城は廃城となっていた。松倉重政とその子・勝家の圧政への不満から、農民は一揆を起こした。これを、幕府はキリシタンの反乱とみなし、討伐軍を送ったので、農民たちは天草四郎時貞を総大将に、原城に立てこもって戦った。寛永15(1638)年2月27日、天草四郎が討ち死、翌日、落城、婦女子を含む37,000人(27,000人とも)が非業の死をとげた。国指定史跡である。

©inu

●南島原市南有馬町、国道251号線沿いに原城の案内板あり。碑のそばには、天草四郎のものと言われる墓が移設されている。

⑭八《はち》良《ら》尾《お》セミナリヨ跡

山奥でのセミナリヨ教育

伴天連追放令後、有馬晴信は、秀吉の怒りが倍増しないよう、領内の教会を閉じ、セミナリヨやコレジヨを分散させ、一部を北有馬の山奥の八良尾に移らせた。天正16(1588)年〜天正19(1591)年の間、隠れ家ではあったが、充実したセミナリヨ教育が行われた。現在、キリシタン墓碑がある。

●南島原市北有馬町坂下から雲仙グリーンロードに入ると八良尾橋と有馬セミナリヨ大橋の間に、キリシタン墓碑の案内

⑮加津佐コレジヨ跡

日本で初めて金属活字本を出版

天正18(1590)年〜天正19(1591)年の期間しか、加津佐のコレジヨはなかったが、伴天連追放令を出した秀吉の目を避けて、天正遣欧使節がローマから持ち帰った活版印刷機が長崎ではなく、ここに、運び込まれた。そして、「サントスの御作業の内抜書」という、日本語をローマ字で綴った金属活字本が日本で最初に印刷された。その後、カタカナやひらがなの木活字の制作がまず行われ、漢字の金属活字の製造にも成功している。これには、諫早出身のコンスタンチノ・ドラードも大いに貢献しているという。

●ＪＡ加津佐支店の右をしばらく行くと、右手に案内あり

⑯口之津・南蛮船来航の地

国際貿易港・口之津

有馬義貞は、弟の大村純忠にすすめられて、領内のキリスト教布教を、横瀬浦にいるトーレス神父に依頼。永禄6(1563)年、まずアルメイダ修道士が口之津に教会をつくり、永禄8(1565)年、トーレス神父がきて、口之津が布教本部となった。永禄10(1567)年から天正10(1582)年までに、7隻のポルトガル船が入港し、口之津にとって、このころは貿易港として華やかな時代だった。後に天正遣欧使節をローマに派遣したヴァリニャーノ神父は、天正7(1579)年ポルトガル船で口之津に入港し、日本の土をはじめて踏んだ。県指定史跡。

●南島原市口之津総合支所とＪＡの間を行った開田公園の端にある。

㉑有馬川殉教地

3人の武士は棄教を拒み殉教の道へ

有馬の教会は、キリシタン大名有馬晴信の時代に長い間、宣教師たちの布教の拠点となりました。

1612年から長崎奉行長谷川左兵衛と晴信の跡を継いだ有馬直純が始めた迫害が始まりました。

アドリアノ高橋主水、レオ林田助右衛門、レオ武富勘右衛門の3人の武士は、それまで有馬家の忠臣でしたが、棄教を拒んだために、レオ武富の息子パウロ、アドリアノの妻ヨハンナ、レオ林田の妻マルタとその子マグダレナとディエゴとともに火刑となりました。その様子は２万人もの信徒が見守る中の殉教であったとされます。

セルケイラ司教はこの殉教を「高来(たかく)(島原半島)のキリシタンたちのあかしは、日本の至るところで福音のすばらしい宣教になるでしょう」と報告しています。

2008年11月、日本における最初の列福式において福者となりました。

日野江城を望む田園の中に白い十字架が建てられ、今なお当時の面影をとどめています。

白い十字架が日野江城近くの田園に

⑰天草コレジヨ館

海を渡ってきた南蛮文化を紹介

表立った布教活動が難しくなって、港町加津佐からコレジヨ(大神学校)と印刷所が、天草久種の協力で天草氏の城があった河浦に移された。しかしこの地も安住の土地ではなく、後、長崎に移動して慶長19(1614)年に、破壊される。天草コレジヨ館では、天正少年使節が持ち帰ったグーテンベルグ式印刷機や「天草のコレジヨにて」と印刷してある「天草本」など展示し、当時の文化を紹介する。

●開館時間/9:30〜17:30、休館日/月曜、
入館料/一般200円、高校生150円、小中学生100円
河浦町白　木河内175-13、Tel:0969-76-0388、本渡バスセンター
から九州産交バスで40分、河浦町立病院前下車、徒歩3分

⑱天草ロザリオ館

キリシタンの歴史をひもとく

大江教会へ行く登り口にある。昭和63(1988)年に作られた資料館で、天草のキリシタンの歴史を中心に、天草の自然や生活を紹介する。館内には、キリシタン高札や、やむを得ず受けた仏式の葬式で唱えられたお経の効力を封じ込める「経消の壷」や、マリアとキリストに見立てた「山姥と金太郎の人形」などのキリシタン遺物が展示されている。

●開館時間/8:30〜17::00、休館日/水曜日と12月30日〜
1月1日、入館料/大人300円、高校生200円、小中学生150円、
天草町大江1749、Tel:0969-42-5259

⑲天草キリシタン館

重文・天草四郎陣中旗

天草氏が洗礼を受けたという本渡城の本丸跡(殉教公園)には、キリシタン墓碑、天草・島原の乱での一揆軍・幕府軍双方の戦死者の霊を弔った墓碑を集めた千人塚などがある。また天草市立天草キリシタン館には、国指定重要文化財の血染めの「天草四郎陣中旗」や、日本で最初の欧文活字印刷のラテン語辞典や、隠し十字架仏などが展示されている。

●開館時間/8:30〜17:30、休館日/12月30日〜1月1日、観覧料/一般300円、高校200円、小中学生150円、団体(20名以上)は2割引、Tel:0969-22-3845、熊本より車で120分、松橋I.Cより車で90分、天草空港よりタクシーで10分、駐車場あり

⑳南蛮寺跡(正覚寺)

樹齢400年の南蛮樹のもとに

上津浦はキリシタン大名小西行長の所領になって、キリシタンの町となり、自ら洗礼を受けた上津浦氏はここに南蛮寺を作った。天草・島原の乱はこの地で火蓋が切られたという。昭和60年、正覚寺(元南蛮寺)の床下から、イエズス会の紋章と干十字架が刻まれた2基の墓石が発見され、現在もある。近くでは、潜伏キリシタンが隠し持っていたと思われる聖母子のメダイも見つかっている。

●天草市有明町大字上津浦3550

豆知識　ヴァリニャーノ神父

イタリア人でイエズス会の巡察師※アレッサンドロ・ヴァリニャーノ神父は、日本をはじめて訪れたとき、宣教師たちを呼び集め、日本における布教の方針を話し合うために会議を開きました。

神父は、日本での布教活動の宣教師不足に対して、日本国内の布教は日本人自身が行っていく方向で、司祭や、優れた人材を育成するための教育機関であるセミナリヨやコレジヨの設立に尽力しました。そして、日本で最初のセミナリヨを有馬と安土につくり、一方的にヨーロッパの文化を教え込むのでなく、日本の文化を融合し、日本人がなじみやすい教育を実践しました。

また、神父は、天正遣欧使節を九州のキリシタン大名、大友・大村・有馬氏の名代としてローマへ派遣し、日本の名をヨーロッパに広め、印刷機などを日本に持ち帰り、キリシタン文化を花咲かせた人でもあります。

※世界各地の布教活動の状況を観察し、指導する立場の人

付録

◆教会・キリシタン用語の基礎知識

◆長崎・天草の全教会最新データ

◆長崎におけるキリスト教史年表

CATHOLIC WORDING

教会・キリシタン用語の基礎知識

【 あ 】

アーメン[あーめん]
祈りの最後にいうことばで、「そのようになりますように」「そうです」という意味

アニマ[あにま]
霊魂

アネスデイ様(神の子羊)[あねすでい]
アニュス・デイというラテン語で、キリストがいけにえとしての子羊であることをいう

アベ・マリア[あべ・まりあ]
天使祝詞ともいう、聖母マリアへの祈り

アンゼラス[あんぜらす]
神の使い、天使のこと。「アンゼラスの鐘」などで使われる

イエズス[いえずす]**イエス**[いえす]
救い主(キリスト)の本名

イエズス会[いえずすかい]
イグナチオ・ロヨラやフランシスコ・ザビエルなどにより創立された修道会、日本では上智大学を経営している

居付き[いつき]
外海地方から五島に移住し山間僻地のやせ地や漁の少ない海岸に住み着いたキリシタンをいう

イースター[いーすたあ]
復活祭のこと

イナッショ(イグナシオ・聖画像)[いなっしょ]
イエズス会創立者イグナチオ・ロヨラのことをいう

イルマン[いるまん]
修道士のこと

インヘルノ[いんへるの]
地獄

絵踏み(踏絵)[えぶみ]
キリシタンであることを識別するために年一度キリストやマリアの絵を踏ませることをいい、その絵を踏絵といったが幕末頃から混用された。その目的は、最初は背教させるために、次に背教を証明するために、1641年からはキリシタン発見のために用いられた

お告げの組[おつげのくみ]
キリシタン時代の信心団体

お水帳(洗礼簿)[おみずちょう]
洗礼台帳のこと

オラショ[おらしょ]
祈り

女部屋[おんなべや]
明治以降長崎の教会で設立された準修道会で、一生を神に奉げて修道生活と社会福祉事業に奉仕する女子青年達が働きかつ祈りながら共同生活をした。現在の「お告げのマリア修道会」の前身である

【 か 】

回心戻し[かいしんもどし]
絵踏みやお寺での葬式の後で、キリストを否定したことを痛悔すること

垣内[かきうち]
カクレキリシタン信仰集団での一般信徒のこと

カクレ(隠れ)**キリシタン**
[かくれきりしたん]
明治6年キリシタン高札が撤去されたあともカトリックに復帰せず、潜伏時代の信仰生活をつづけているキリシタンたち

カテキズモ[かてきずも]
カトリック要理

カトリック[かとりっく]
普遍という意味。いたるところにある正統なキリスト教会をさす

神の十戒[かみのじっかい]
神がモーゼを介してイスラエル人に教えたという10の戒め

ガラサ[がらさ]
神の恵み、聖寵、恩恵ともいう

カルワリヨ[かるわりよ]
キリストが十字架につけられた丘

管区長[かんくちょう]
各修道会で定められた地域(管区という)の修道者を統括する人をいう

聞き役[ききやく]
潜伏時代の秘密組織の役割、帳方からの伝達事項を伝えるとともに、洗礼の時の立会人で洗礼が正しく行なわれたかを聞く役割からこの名が付いた

帰天[きてん]
キリスト教徒が死ぬことをいう。召天ともいう

教会[きょうかい]
キリストが創設した信者の共同体のことをいうが、教会堂のことをいうこともある

教区[きょうく]
教会は教区に分けられ責任者を司教という、司教座が置かれる都市名で呼ぶ。教区はさらに小教区に分けられている

経消し[きょうけし]
寺請制度により仏教徒であることを強制された潜伏キリシタンが仏式の葬儀のあとお経の効果を消し去るためにオラショを唱えること

教理[きょうり]
カトリック教会の教え。要理ともいう

キリシタン(切支丹)[きりしたん]
キリスト教徒(ポルトガル語の日本語表記)。キリスト教伝来から明治初期までのキリスト教徒をさすのに用いられる

崩れ[くずれ]
迫害時代に多数が露見し捕縛されたキリシタン検挙事件。郡崩れ、浦上崩れ(1〜4番崩れ)、五島崩れ、天草崩れ

クリスチャン[くりすちゃん]
キリスト教徒(英語の日本語表記)

クリスチャンネーム
[くりすちゃんねーむ]
洗礼名と同じ。尊敬する聖人の名前をつける

クレド[くれど]
信条のことで、キリスト教信仰の根本的な内容

クルシリヨ[くるしりよ]
スペインで始まった信徒による教会刷新運動

クルス[くるす]
十字架のこと

結婚の秘跡[けっこんのひせき]
神と教会のまえで夫婦となる決意を表明し、祝福を受ける儀式

献堂式[けんどうしき]
教会堂を建立したのち正式の教会として使用し始めるため神にささげる式

堅信の秘跡[けんしんのひせき]
成人の信徒となる秘跡、12歳～15歳位でうける。大人になって洗礼を受ける人は洗礼と同時に授かる

公会議[こうかいぎ]
ローマ教皇が信仰道徳に関する重大事項を決定するため全世界の司教を集めて行う会議

公教要理[こうきょうようり]
カトリック要理のこと

告解の秘跡[こっかいのひせき]
罪を赦してもらう秘跡、「ゆるしの秘跡」ともいう

コレジヨ[これじよ]
イエズス会の会員となるため哲学と神学を学ぶ教育施設（キリシタン時代）

コンタス（コンタツ）[こんたす]
ポルトガル語で複数の珠を意味する。ロザリオのこと

コンチリサン[こんちりさん]
痛悔または悔いあらためること

コンテムツス・ムンヂ
[こんてむつす・むんぢ]
世を厭うの意。キリスト教の修道・教訓の書。『イミタチオークリスチ（キリストにならいて）』の翻訳

コンヒサン[こんひさん]
告解の秘跡のこと

コンフラリア（講、信心講）[こんふらりあ]
キリスト教在俗の信者が作る集団で互いの信仰を強化し、現在で言うボランティア活動に従事する目的から作られた。キリシタン禁制以前の日本にも多数存在していた。潜伏時代のキリシタン組織はこの講を原型としている

コンヘソル[こんへそる]
告解の秘跡を授ける司祭

【 さ 】

サクラメント[さくらめんと]
秘跡のこと

サバト[さばと]
安息日、土曜日

サン・ジワン[さん・じわん]
英語読みはジョン、ラテン語読みはヨハネ。外海地域ではイエスに洗礼を施した聖ヨハネの名をもった人の存在が伝えられている

サン・ミゲル[さん・みげる]
英語読みはマイケル、ラテン語読みはミカエル。悪魔に打ち勝つ大天使

サンタ・マリア[さんた・まりあ]
イエスの母、神の母マリアのこと

サンタ・サクラメントウ様（聖体）
[さんたさくらめんとうさま]
キリストのからだである聖体のこと

賛美歌[さんびか]
神をたたえる歌のこと

三位一体[さんみいったい]
父なる神、神の独り子救い主イエス、聖霊の3つの位格が一つの神であるということ

サン・ラザロ[さん・らざろ]
聖ラザロ。死後四日目にイエスによってよみがえらせられた人

司教[しきょう]
イエスの使徒たちの後継者。ローマ教皇から任命され、一定地域（教区という）を統括する責任者

司教館[しきょうかん]
司教が居住し執務する建物

司教区[しきょうく]
司教が管轄する区域

司教座[しきょうざ]
司教がすわる椅子（カテドラ）のこと、その椅子が置かれる聖堂を司教座聖堂、カテドラルという。長崎教区では浦上教会。

司祭[しさい]
神父のこと、司教の協力者

四旬節[しじゅんせつ]
キリストの復活祭を準備する40日間をいう。キリストが公に教え始める前に40日間断食し苦行したことにならったもの

シスター[しすたー]
女子修道者のこと（英語の日本語表記）

至聖[しせい]
最高に聖であるという意味で、神をたたえるまくらことば

至聖なる聖体の組[しせいなるせいたいのくみ]
聖体に対する信心を大切にする信者の団体

司牧[しぼく]
信徒を信仰生活面で世話すること。羊飼いが羊を牧することからこの言葉がでている

十字架の道行[じゅうじかのみちゆき]
キリストが裁かれ、十字架で死んで埋葬されるまでの場面を表す画像の前で、キリストの苦しみと死をしのび祈ること。教会堂の中にも野外にも設けられている

十字会[じゅうじかい]
浦上教会の女性有志が作った女部屋の名前

修道者[しゅうどうしゃ]
一生を神のために奉仕することを目的に、独身・貞潔を守る、上長の命令に従う、私物を放棄して共有生活をするという誓願をたてた人をいう

祝福[しゅくふく]
神の特別の恵み、またそれを受けること

祝別[しゅくべつ]
祝福と同じ

主任司祭[しゅにんしさい]
司教から教区の構成単位である小教区を託された司祭をいう。規模に応じて主任司祭を助ける助任司祭が置かれときもある

殉教[じゅんきょう]
自分の命をかけて（キリストへの）信仰をあかしすること

巡察師[じゅんさつし]
ローマ教皇あるいは修道会上長から派遣され、指定地域の状況を視察する人をいう。たとえばヴァリニャーノ神父

巡礼[じゅんれい]
イスラエル、ローマ、アッシジ、ルルド、ファティマ、サンチャゴ、西坂など、教会、殉教地、聖人ゆかりの地を巡り、感謝や願いをささげ、罪の痛悔や償いをするなどして、信仰を深めること。

小教区[しょうきょうく]
司教により司牧を託された区域をいう。そこの責任者を主任司祭、司祭が常駐しない聖堂区域を巡回教会という

昇天[しょうてん]
キリストが十字架上で死に、復活し、40日目に天に上ったことをいう

召命[しょうめい]
神から司祭・修道者の道に召されること

叙階(品級)[じょかい]
司教・司祭・助祭となる秘跡

信者[しんじゃ]
カトリックでは司祭、修道者、信徒の総称

信徒[しんと]
司祭、修道者以外のキリスト者をいう

信徒使徒職[しんとしとしょく]
信徒として行う、キリストを伝えるためのさまざまな活動をいう

神父[しんぷ]
カトリック教会の司祭のこと。プロテスタントでは牧師あるいは先生という

枢機卿[すうききょう]
ローマ教皇の特別顧問で、教皇を選ぶ選挙権を有する

ステンドグラス[すてんどぐらす]
教会の窓をキリスト、マリア、聖人たちの生涯などで飾る色ガラス。ヨーロッパでは中世にはじまった

聖アウグスチノ修道会
[せいあうぐすちのしゅうどうかい]
聖アウグチノの共住生活規則に基づいて生活する修道会

聖歌[せいか]
カトリック教会で歌われる歌のこと。一般にプロテスタントでは賛美歌という

聖職者[せいしょくしゃ]
カトリックでは助祭、司祭、司教の総称

聖人[せいじん]
カトリック教会で、神の特別な恵みを受け、キリストに非常に近い生き方をした者として、教会によって公式に認められ特別に尊敬される人のこと。聖人と列せられる前の人を福者という

聖体[せいたい]
最後の晩餐で定められた秘跡。パンとぶどう酒がキリストのからだと血、つまりキリスト自身であるということ

聖堂[せいどう]
信者が神に祈りをささげ、祭儀を行うために集まる場所をいう。教会ともいう

聖母の騎士[せいぼのきし]
聖コルベ神父が提唱した「汚れなき聖母の騎士団」という信心会のメンバー。罪びとの回心を人々の心の成長のために神と聖母マリアに自らをささげ努める人のこと

聖霊[せいれい]
三位一体のひとつの位格、神の霊のことをいう。キリストの洗礼のとき鳩の形で現れたり、キリスト復活後、使徒たちに特別の力を与え、今も働く

摂理[せつり]
神の計りしれない導き、配慮

セミナリヨ[せみなりよ]
キリシタン時代は、聖職者や一般の教会指導者のための基礎養成機関をさした。現代では、司祭を養成する機関をさす

宣教師[せんきょうし]
キリスト教を広めるために派遣されるひと

宣教[せんきょう]
教えを広めること

ゼンチョ[ぜんちょ]
異教徒、教外者。キリシタン以外の者をいう。ラテン語gentiles(ジェンティレス)からくる

潜伏[せんぷく]
キリスト教禁令のもとで、地下組織をつくり、たくみに信仰を伝承したこと

洗礼の秘跡[せんれいのひせき]
キリスト教徒になる秘跡。生まれながらに有している原罪とすべての罪をゆるされ、神の子、教会の成員とされる。信者ならだれでも授けることができるので、潜伏の250年間続けられた

洗礼名[せんれいめい]
霊名とおなじ

【 た 】

大司教[だいしきょう]
いくつかの教区を主宰する司教をいう。日本では東京、大阪、長崎にいる

抱き親[だきおや]
洗礼の代父(母)即ちゴッドファーザー、ゴッドマザーのこと。洗礼のとき子供を抱くことからくる呼び名

地下[じげ]
昔から住んでいる人たちのこと

チャペル[ちゃぺる]
小教区教会以外の聖堂のこと。学校、修道院、病院付属の祈る場所など

帳方(惣頭)[ちょうかた]
潜伏時代の秘密組織の最高役職者名。祈り、教え、教会の暦、葬式などの責任指導者。如己堂の場所は浦上の帳方屋敷跡

デウス[でうす]
神、天主、天帝

天使祝詞[てんししゅくし]
聖母に対する祈り、アベ・マリアという呼びかけで始まる

天主堂[てんしゅどう]
教会堂のこと、聖堂ともいう。中国や朝鮮半島でカトリックの教会堂をさすのに用いられ、日本にもとりいれられた

ドチリナ・キリシタン
[どちりな・きりしたん]
キリシタン時代の教義または教義書。問答形式

ドミニコ会[どみにこかい]
1216年に聖ドミニコが創立した修道会。教会の学問や教育に大いに貢献し、ロザリオの信心行を始めた

【 な 】

ナタラ(ナタル)[なたら]
クリスマスのこと

納戸神[なんどがみ]
かくれ切支丹が納戸に隠して崇敬した掛け軸の聖画のこと

【　は　】

パーテル[ぱーてる](ラテン語)
神である父のこと

パードレ[ぱーどれ]
司祭あるいは神父のこと

パーパ[ぱーぱ]
ローマ教皇のこと。ラテン語のパパは、乳母の夫のこと。初期教会では司教、やがてローマの司教である教皇をさすようになった

背教[はいきょう]
信仰からの公の離反のこと。キリシタンの場合、「ころび」ともいう

バスチャン[ばすちあん]
バスチャン暦をサン・ジワンから習い、広めたとされる人物。バスチャンの象徴は椿であり、外海、五島のキリシタンは死者の棺の中に椿の枝を折っていれたという

バテレン(伴天連)[ばてれん]
司祭、キリスト教徒一般をいうこともある

パライソ[ぱらいそ]
天国、楽園、パラダイス、ハライソ

パリ外国宣教会(パリミッション)
[ぱりがいこくせんきょうかい]
1664年、パリで設立された外国宣教会

ヒエラルキア(教階制)
[ひえらるきあ]
ローマ教皇を頭として司教団があり、司教の協力者として司祭団と助祭団がある。このような位階制のこと

日繰り(教会暦、バスチアン暦)[ひぐり]
教会の暦のこと

被昇天[ひしょうてん]
聖母マリアが地上の生涯を終えると同時にそのまま天の栄光に上げられたことをいう

秘跡[ひせき]
キリストによる救いの恵みを表し、もたらすしるし(儀式)で7つある(洗礼、堅信、聖体、告解、結婚、叙階、病者の塗《と》油《ゆ》)

病者の塗油の秘跡[びょうじゃのとゆのひせき]
病気の人が心とからだの回復の恵みを受ける秘跡

ビルゼン[びるぜん]
英語のverginに相当、処女のこと。ビルゼン・マリアとは処女のまま聖霊の働きでイエスをみごもった母マリアのこと

布教[ふきょう]
教えを広めること

福音[ふくいん]
「よいたより」、つまりキリストの教えと業《わざ》、キリスト自身

福者[ふくしゃ]
聖人の位の前の段階で幸いな者として尊敬されるひと

復活[ふっかつ]
キリストが十字架上で死んでのち、3日目によみがえったことをいう

フランシスコ会
[ふらんしすこかい]
13世紀初頭、アシジのフランシスコによって始められた修道会

フランシスコの組
[ふらんしすこのくみ]
アシジのフランシスコの名を頂いた信者団体

プロテスタント[ぷろてすたんと]
カトリック教会のありかたに抗議し、分離独立したキリスト教徒

ベアトス[べあとす]
ポルトガル語ベアトの複数形。福者のこと

ペニテンシャ[ぺにてんしゃ]
悔悛、ゆるしの秘跡

牧師[ぼくし]
プロテスタント教会の教職者のこと

【　ま　】

マリア観音[まりあかんのん]
禁教下でキリシタンが仏教の観音像をマリア像に見たてて崇敬していたもの

マルチル[まるちる]
殉教、殉教者。殉教はマルチリヨともいう

ミサ[みさ]
最後の晩餐で定められた、キリストの死と復活を再現する祭儀

水方(触頭)[みずかた]
潜伏キリシタン時代の地下組織の中で洗礼を授ける役割のひとをいう

ミゼリコルディアの組
[みぜりこるでぃあのくみ]
キリシタン時代に、病人看護や貧しい人々の救済に奉仕した信心会

無原罪[むげんざい]
最初の人間の罪以来、人間は原罪を持って生まれてくるが、聖母マリアだけは原罪なく生まれてきたことをいう

メシア[めしあ]
キリスト、救い主のこと。ヘブライ語で「油を注がれた者」の意味

メダイ[めだい]
メダルの意、マリア、聖人、十字架などの像を刻んだもの

【　ら　】

リヒヒリナ(ディシプリナ)[りひひりな]
苦行のための鞭

隣人愛[りんじんあい]
敵をも除外せずすべての隣人を自分のように愛しなさい、というキリストの教え

霊的世話[れいてきせわ]
魂の世話をすること

礼拝所[れいはいしょ]
神に礼拝をささげる場所

霊名[れいめい]
洗礼をうけるときにいただく名前をいう。洗礼名と同じ

煉獄[れんごく]
死後罪の償いをして魂を清める所、その後天国にはいる

ロザリオ[ろざりお]
キリスト誕生から聖母マリアの被昇天までの出来事を15ないし20項目に分け、その場面を黙想しながら主の祈りとアベ・マリアの祈りをするために使う道具で、祈りをバラの花(ロザリオはバラ園を意味する)として聖母マリアにささげることもさす

(カトリック長崎大司教区 校了)

ACCESS DATA

長崎・天草の全教会 最新データ

略一覧 保護 教会の保護者 献堂 献堂式 ミサ ミサの開始時間 拝観 一般観光客の拝観 一般 一般観光客参加可能のミサ、結婚式 駐車 駐車場 交通 交通アクセス
（凡例）【要連絡】拝観できる日を確認（巡回教会の場合、主任教会に連絡を）【常時可能】常識の範囲での時間帯で拝観を【ミサ】ミサ出席は歓迎する【結婚】結婚式は行える
【条件】条件付で行える【行事以外】ミサ・教会学校など教会行事のときは拝観をさけてほしい ※所要時間は目安です。実際とは異なることがあります
【主任教会】神父が常駐し、巡回を担当する教会【巡回教会】神父が巡回してくる教会

長崎・諫早・大村・島原地区

浦上《うらかみ》教会 司教座聖堂
保護 無原罪の聖母
〒852-8112 長崎市本尾町1-79 Tel.095-844-1777 Fax.095-844-6508 P.18掲載
献堂 1959.11.1 フルステンベルグ教皇特使祝別 ミサ 日曜6:00/7:30/9:30/18:30・金/土19:00・月～木6:00
拝観 9:30～17:00 一般 ミサ 交通 県営バス（三ツ山口行/三原循環他）・
長崎バス（下大橋行8番）：天主堂下/センター前/神学校前下車→徒歩1分他

大浦《おおうら》教会 主任教会
保護 聖ヨハネ五島
〒850-0931 長崎市南山手町2-18 Tel.095-827-0623 Fax.095-829-1058 P.17掲載
献堂 1975.11.3 里脇大司教祝別 ミサ 日曜9:30・土曜19:00・平日6:00
拝観 常時可能 一般 ミサ・結婚 駐車 無
交通 長崎バス：グラバー園入口下車→徒歩5分／市内電車：大浦天主堂下下車→徒歩5分

大浦《おおうら》天主堂 ◎世界文化遺産・国宝
保護 日本二十六聖人殉教者
〒850-0931 長崎市南山手町5-3 Tel.095-823-2934 Fax. 095-827-5452 P.14掲載
献堂 1865.2.19 ジラール師祝別
拝観 P.14参照 駐車 無
交通 長崎バス：グラバー園入口下車→徒歩5分／市内電車：大浦天主堂下下車→徒歩5分

聖フィリッポ・デ・ヘスス教会
保護 聖フィリッポ・デ・ヘスス
〒850-0051 長崎市西坂町7-8 Tel.095-822-6000 Fax. 095-822-6137 P.23掲載
献堂 1962.2.5 山口大司教祝別
ミサ 日曜 11:00/13:00・平日（月～土）6:00
交通 JR長崎駅→徒歩5分

中町《なかまち》教会 主任教会
保護 聖トマス西と十五聖殉教者
〒850-0055 長崎市中町1-13 Tel.095-823-2484 Fax.095-823-2486 P.22掲載
献堂 1951.10.16 再建 山口司教祝別 ミサ 日曜6:30/9:00・土曜19:00・平日6:30
拝観 6:00～18:00 一般 ミサ・結婚
交通 県営・長崎バス：JR長崎駅前→徒歩5分

飽ノ浦《あくのうら》教会 主任教会
保護 聖ヨゼフ
〒850-0063 長崎市飽の浦町8-50 Tel.095-861-2589 Fax.095-861-2773 P.29掲載
献堂 1959.12.13 再建 山口大司教祝別 ミサ 日曜7:00/9:00・土曜18:30・平日6:00
拝観 常時可能（横門より） 一般 ミサ・結婚 駐車 有（5～6台）
交通 長崎バス（福田行/神ノ島行他）・県営バス（西泊行/立神行）：水ノ浦/神社前下車→徒歩3分

岳《たけ》教会 巡回教会
保護 使徒聖ヨハネ
〒850-0068 長崎市福田本町477 P.29掲載
献堂 1970.11.20 里脇大司教祝別 ミサ 日曜 18:00（第4、5はなし）
拝観 要連絡 一般 ミサ
交通 長崎バス（福田行）：中浦/ゴルフ場入口〈福田行を除く〉下車→徒歩40分

福田《ふくだ》集会所 巡回教会
〒850-0067 長崎市小浦町59-2 P.29掲載
献堂 1995.3.19 島本大司教祝別 ミサ 第4日曜 7:00
拝観 原則不可 一般 不可
交通 長崎バス（福田行）：中浦下車→徒歩5分

稲佐《いなさ》教会 主任教会
保護 聖フランシスコ・ザビエル
〒852-8011 長崎市稲佐町18-17 Tel.095-861-0747 Fax.095-861-1569 P.30掲載
献堂 1971.12.15 里脇大司教祝別 ミサ 日曜7:00/9:00・土曜19:00・平日6:00
拝観 予約希望 一般 ミサ 駐車 無
交通 長崎バス：JR長崎駅前→〈10分〉公園前下車→徒歩5分（車使用不可）

城山《しろやま》教会 主任教会 ◎長崎市景観賞
保護 慰めの聖母
〒852-8023 長崎市若草町6-5 Tel.095-844-9208 Fax.095-843-6910 P.30掲載
献堂 2000.12.17 島本大司教祝別 ミサ 日曜 8:00/10:00/18:00・土曜18:30・平日6:30・
祭日6:30/8:30 拝観 常時可能 一般 ミサ・結婚 駐車 有
交通 長崎バス：マリア学院前下車→徒歩5分

西町《にしまち》教会 主任教会 ◎長崎市景観賞
保護 聖ピオ十世
〒852-8044 長崎市音無町9-34 Tel.095-844-5755 Fax.095-847-1582 P.30掲載
献堂 1969.11.9 里脇大司教祝別 ミサ 日曜7:00/9:00・土曜17:00・平日6:30・
水曜8:45～9:45（小学生のミサ） 拝観 8:00～18:00 一般 ミサ 駐車 有
交通 JR西浦上駅→徒歩4分／長崎バス：西町下車→徒歩3分／市内電車：千歳町下車→徒歩5分

本河内《ほんごうち》教会 主任教会
保護 無原罪の聖母
〒850-0012 長崎市本河内2-2-1 Tel.095-824-2079 Fax.095-827-0575 P.31掲載
献堂 1964.3.17 建立 山口大司教祝別 ミサ 日曜6:30/9:00・平日6:30
拝観 常時可能 一般 ミサ
交通 県営バス：JR長崎駅前→番所下車→徒歩3分／市内電車：蛍茶屋下車→徒歩15分

東長崎《ひがしながさき》教会 主任教会
保護 聖母の汚れなきみ心
〒851-0134 長崎市田中町366 Tel.095-839-1246 Fax.095-839-1658 P.31掲載
献堂 1995.10.22 島本大司教祝別 ミサ 日曜7:00/9:00・土曜19:00・平日6:30
拝観 6:30～18:00 一般 ミサ・結婚
交通 県営バス：JR長崎駅前→東望下車→徒歩1分

愛宕《あたご》教会 主任教会
保護 救い主イエズス・キリスト

〒850-0822 長崎市愛宕4-3-3 Tel.095-822-8802 Fax.095-822-8820 P.31掲載
献堂 1956.7.15山口司教祝別 ミサ 日曜9:00・土曜19:00・平日6:15(レデンプトリスチン聖堂)
拝観 常時可能(団体は要予約) 一般 ミサ・結婚 駐車 無
交通 長崎バス:愛宕町下車→徒歩3分/クルマ:JR長崎駅→20分

小瀬戸《こせど》集会所

〒850-0077 長崎市小瀬戸町806-1 Tel./Fax.095-865-0037 P.37掲載
ミサ 日曜11:00

本原《もとはら》教会 主任教会
保護 聖ペトロ・パブチスタ

〒852-8123 長崎市三原2-23-12 Tel.095-844-0566 Fax.095-847-6507 P.32掲載
献堂 1962.5.20山口大司教祝別 ミサ 日曜7:00/9:00・土曜19:00・平日6:00
拝観 常時可能 一般 ミサ・結婚 駐車 有
交通 県営バス(三ツ山口循環線〈右・左廻りとも〉):JR長崎駅前→本原教会前下車→徒歩5分

木鉢《きばち》教会 主任教会
保護 聖ペトロ

〒850-0077 長崎市小瀬戸町86 Tel.095-865-1039 Fax.095-865-4771 P.32掲載
献堂 1981.5.31里脇枢機卿祝別 ミサ 日曜6:00/9:00・土曜19:00・平日6:00(火曜19:00)
拝観 6:30〜18:00 一般 ミサ
交通 長崎バス(神ノ島行):JR長崎駅前→〈30分〉木鉢浦下車→徒歩3分/クルマ:JR長崎駅→20分

神ノ島《かみのしま》教会 主任教会
保護 聖フランシスコ・ザビエル

〒850-0078 長崎市神ノ島町2-148 Tel.095-865-1028 Fax.095-801-8331 P.25掲載
献堂 1897.12.8クザン司教祝別 ミサ 日曜8:00・土曜19:30・平日5:30
拝観 8:00〜17:00 一般 ミサ・結婚
交通 長崎バス(神ノ島行):JR長崎駅前→〈40分〉神ノ島終点下車→徒歩7分/クルマ:JR長崎駅→25分

三ツ山《みつやま》教会 主任教会
保護 イエズスのみ心

〒852-8142 長崎市三ツ山町775 Tel./Fax.095-847-7411 P.32掲載
献堂 1962.6.29山口大司教祝別 ミサ 日曜8:00・土曜19:00・月/木6:00・水/金17:30
拝観 常時可能 一般 ミサ
交通 長崎バス(恵の丘行):犬継下車→徒歩2分

深堀《ふかほり》教会 主任教会
保護 被昇天の聖母

〒851-0301 長崎市深堀町5-272 Tel.095-871-3459 Fax.095-893-8030 P.33掲載
献堂 2014.9.20髙見大司教祝別 ミサ 日曜9:00・土曜19:00・平日6:00
拝観 常時可能 一般 ミサ
交通 長崎バス(深堀行/香焼行):深堀下車→徒歩2分/クルマ:JR長崎駅→20分

善長谷《ぜんちょうだに》教会 巡回教会
保護 無原罪の聖マリア

〒851-0302 長崎市大籠町519 P.33掲載
献堂 1952.5.3山口司教祝別 ミサ 日曜7:00
拝観 常時可能(団体は要予約) 一般 ミサ・結婚
交通 長崎バス(深堀行/香焼行):深堀下車→徒歩50分/車8分

八幡町《やはたまち》教会 主任教会
保護 あけの星の聖母

〒850-0801 長崎市八幡町8-8 Tel./Fax.095-824-3423 P.33掲載
献堂 1956.7.30山口司教祝別 ミサ 日曜9:00・土曜19:00・平日6:30
拝観 要予約 一般 ミサ 駐車 無
交通 県営バス:諏訪神社前下車→徒歩5分/市内電車:諏訪神社前/新大工町下車→徒歩5分

大山《おおやま》教会 主任教会
保護 絶えざる御助けの聖母

〒850-0964 長崎市大山町566-1 Tel./Fax.095-878-4093 P.33掲載
献堂 1994.6.26島本大司教祝別 ミサ 日曜8:30・土曜19:30・平日5:50
拝観 常時可能 一般 ミサ 駐車 有(道狭い)
交通 長崎バス(戸町バイパス経由):大山入口下車→徒歩45分/車10分

滑石《なめし》教会 主任教会
保護 聖パウロ

〒852-8061 長崎市滑石5-2-6 Tel.095-856-8623 Fax.095-856-8603 P.34掲載
献堂 2008.7.6髙見大司教祝別 ミサ 日曜6:30/9:30/16:30・土曜19:00・平日6:15(火/第1金19:00)
拝観 要連絡 一般 ミサ・結婚
交通 長崎バス:大園小学校前下車→徒歩1分

さくらの里聖家族《さくらのさとせいかぞく》教会 巡回教会
保護 聖家族

〒851-2207 長崎市さくらの里3丁目1700 Tel.095-850-6260 P.34掲載
献堂 2004.9.4髙見大司教祝別 ミサ 土曜19:00・日曜8:00・火曜6:30
拝観 要連絡 一般 ミサ・結婚 駐車 有
交通 長崎バス(三重中学校前行/樫山行):JR長崎駅前→三重中学校前下車→徒歩3分

小ヶ倉《こがくら》教会 主任教会
保護 無原罪の聖母

〒850-0963 長崎市ダイヤランド4-2-3 Tel./Fax.095-878-0964 P.34掲載
献堂 1987.9.6里脇枢機卿祝別 ミサ 日曜9:00・平日6:00
拝観 常時可能 一般 結婚 駐車 有
交通 長崎バス(40番系統):くすの木通り下車→徒歩1分

諫早《いさはや》教会 主任教会
保護 聖パウロ三木

〒854-0006 諫早市天満町32-17 Tel./Fax.0957-23-2066 P.34掲載
献堂 1983.12.9里脇大司教祝別 ミサ 日曜9:00・土曜19:00・平日6:00
拝観 5:30〜20:00(横門より) 一般 ミサ 駐車 有(20〜30台)
交通 JR諫早駅→徒歩9分/県営バス:諫早ターミナル下車→徒歩7分

島原《しまばら》半島殉教者記念聖堂 主任教会
◎島原市景観賞
保護 日本二十六聖人殉教者

〒855-0807 島原市白土町1066-3 Tel./Fax.0957-62-2952 P.40掲載
献堂 1997.12.13島本大司教祝別 ミサ 日曜9:00・土曜18:00・平日6:30
拝観 8:00〜18:00 一般 ミサ
交通 県営・島鉄バス:島原駅前/大手下車→徒歩7分

雲仙《うんぜん》教会 巡回教会

保護 福者アントニオ石田と雲仙の殉教者

〒854-0621 雲仙市小浜町雲仙札の原422-2

献堂 1981.6.15 里脇枢機卿 祝別 ミサ 日曜 11:00(第2、4なし)

拝観 9:00～17:00(窓越し) 一般 ミサ・結婚(条件)

交通 県営バスターミナル→徒歩30分／県営・島鉄バス:札の原下車→徒歩5分

P.40掲載

愛野《あいの》教会 主任教会

保護 幼いイエスの聖テレジア

〒854-0301 雲仙市愛野町甲3934 Tel.0957-36-0063 Fax.0957-36-1226

献堂 1951.10.3 山口司教 祝別 ミサ 日曜 9:00

拝観 常時可能 一般 ミサ・結婚(条件) 駐車 有(30台)

交通 島原鉄道:愛野駅下車→徒歩15分／県営・島鉄バス:愛野町下車→徒歩10分

P.35掲載

植松《うえまつ》教会 主任教会

保護 聖ヤコボ朝長

〒856-0027 大村市植松2-722-1 Tel.0957-52-2256 Fax.0957-53-4898

献堂 1975.5.27 里脇大司教 祝別 ミサ 日曜 6:15/9:00・土曜 19:00・平日 6:15

拝観 常時可能 一般 ミサ・結婚(条件)

交通 JR竹松駅→徒歩15分／県営・島鉄バス:桜馬場下車→徒歩8分/植松下車→徒歩3分

P.35掲載

水主町《かこまち》教会 主任教会

保護 大村の聖マリナ

〒856-0827 大村市水主町2-606 Tel.0957-52-2830 Fax.0957-52-2891

献堂 1983.11.23 聖堂・司祭館 献堂 ミサ 日曜 9:00・土曜 19:00・平日 6:00(水曜 19:00)

拝観 常時可能 一般 ミサ・結婚

交通 JR竹松駅→徒歩10分／県営バス:駅前バスターミナル下車→徒歩8分

P.35掲載

湯江《ゆえ》教会 主任教会

保護 アシジの聖フランシスコ

〒859-0131 諫早市高来町神津倉41-1 Tel./Fax.0957-32-3105

献堂 1971.8.29 里脇大司教 祝別 ミサ 日曜 6:00/9:00・平日 6:15/8:00

拝観 予約希望 一般 結婚

交通 JR湯江駅→徒歩10分／県営バス:湯江宿下車→徒歩13分

P.35掲載

小長井《こながい》教会 巡回教会

保護 無原罪の聖母

〒859-0167 諫早市小長井町遠竹2747 Tel.0957-34-3296 Fax.0957-34-4222

献堂 1953.5.19 山口司教 祝別 ミサ 日曜 8:00・土/平日 6:00

拝観 予約希望 一般 結婚

交通 県営バス:聖母の騎士園前下車→徒歩1分／クルマ:JR小長井駅→15分

P.36掲載

香焼《こうやぎ》教会 主任教会

保護 聖ヨゼフ

〒851-0310 長崎市香焼町409-1 Tel.095-871-4349 Fax.095-871-4406

献堂 1971.3.29 里脇大司教 祝別 ミサ 日曜 6:00/9:00

拝観 常時可能 一般 ミサ 駐車 有

交通 長崎バス (香焼行):深浦下車→徒歩5分

P.36掲載

馬込《まごめ》教会 主任教会

◎国指定登録文化財

保護 大天使聖ミカエル

〒851-1201 長崎市伊王島町2-617 Tel./Fax.095-898-2054

献堂 1931.1018 早坂司教 祝別 ミサ 日曜 8:30

拝観 要連絡 一般 結婚

交通 長崎汽船:長崎港→〈20分〉伊王島・船津港→徒歩10分

P.24掲載

大明寺《だいみょうじ》教会 巡回教会

保護 聖パウロ

〒851-1201 長崎市伊王島町大明寺1-1060 Tel.095-898-2760

献堂 1973.9.15 里脇大司教 祝別 ミサ 日曜 6:30

拝観 要連絡 一般 結婚

交通 長崎汽船:伊王島・船津港→徒歩20分

P.37掲載

高島《たかしま》教会 巡回教会

保護 イエズスのみ心

〒851-1315 長崎市高島町1138

献堂 1959.10.25 山口大司教 祝別 ミサ 土曜 16:30(冬時間は日曜 10:00)

拝観 要連絡 一般 結婚

交通 長崎汽船(伊王島経由):長崎港→〈60分〉高島港～バス:教会下下車→徒歩3分

P.36掲載

黒崎《くろさき》教会 主任教会

保護 イエズスのみ心

〒851-2324 長崎市上黒崎町26 Tel.0959-25-0007 Fax.0959-25-0272

献堂 1920.12.19 コンバス司教 祝別 ミサ 日曜 6:00(第1、第3は前晩19:00)/9:00

拝観 8:00～18:00

交通 長崎バス(板ノ浦行):黒崎教会前下車→徒歩2分

P.28掲載

樫山《かしやま》教会 巡回教会

保護 聖セバスチアン

〒851-2202 長崎市樫山町3059

献堂 1924.8.12 コンパス司教 祝別 ミサ 日曜 11:00(第1)

交通 長崎バス(樫山行):JR長崎駅前→〈60分〉樫山下車→徒歩5分

P.37掲載

出津《しつ》教会 主任教会

◎世界文化遺産・県指定有形文化財

保護 イエズスのみ心

〒851-2322 長崎市西出津町2633 Tel.0959-25-0012 Fax.0959-25-0472

献堂 1882.3.19 プチジャン司教 祝別・1891 祭壇部増別・1909 玄関部増築

ミサ 日曜 6:00(第1、第3は9:00)・土曜 19:00・平日 6:00 拝観 8:00～17:00

交通 長崎バス(板ノ浦行):JR長崎駅前→〈80分〉出津文化村下車→徒歩8分

P.26掲載

大野《おおの》教会 巡回教会

◎世界文化遺産・国指定重要文化財

保護 ロザリオの聖母

〒851-2427 長崎市下大野町2619

献堂 1893.10 クザン司教 祝別

ミサ 特別の場合を除き無

交通 長崎バス(板ノ浦行):大野下車→徒歩15分

P.27掲載

牧野《まきの》教会 巡回教会

〒851-2323 長崎市新牧野町591-9

献堂 1981.12 新築

拝観 原則不可

交通 長崎バス(板ノ浦行):JR長崎駅前→出津下車→徒歩30分

P.37掲載

時津《とぎつ》教会 主任教会
保護 日本二十六聖人殉教者

〒851-2102 西彼杵郡時津町浜田郷606-1 Tel.095-882-7140 Fax.095-882-7220
献堂 1979.10.7里脇枢機卿 祝別 ミサ 日曜7:00/9:30・土曜19:00・平日6:30(火曜19:00)
拝観 常時可能 一般 ミサ・結婚 駐車 有
交通 長崎バス(溝川行):浜田下車→徒歩5分

P.38掲載

長与《ながよ》教会 主任教会
保護 ロザリオの聖母

〒851-2126 西彼杵郡長与町吉無田郷2035-4 Tel.095-887-3839 Fax.095-887-1688
献堂 1986.1.19里脇枢機卿 祝別 ミサ 日曜7:00/9:00・土曜19:30・平日6:30
拝観 常時可能 一般 ミサ・結婚 駐車 有
交通 JR長与駅→徒歩5分

P.38掲載

佐世保地区

三浦町《みうらまち》教会 主任教会
◎佐世保市景観賞
保護 イエズスのみ心

〒857-0863 佐世保市三浦町4-25 Tel.0956-22-5701 Fax.0956-22-6077
献堂 1931.12.8早坂司教 祝別 ミサ 日曜9:00/13:00(英)/18:30・平日6:00
拝観 常時可能(団体は要予約) 一般 ミサ・結婚 駐車 無
交通 JR佐世保駅→徒歩5分

P.46掲載

鹿子前《かしまえ》教会 主任教会
保護 平和の元后

〒858-0922 佐世保市鹿子前町853 Tel./Fax.0956-28-2339
献堂 1970.4.26里脇大司教 祝別 ミサ 日曜9:00・土曜18:30・平日6:00(火曜18:30)
拝観 常時可能 一般 ミサ・結婚 駐車 有(道狭い)
交通 タクシー:JR佐世保駅→車15分

P.48掲載

船越《ふなこし》教会 巡回教会
保護 童貞聖マリアの無原罪の御やどり

〒857-1231 佐世保市船越町131-3
献堂 1974.10.20岩永四郎師 祝別 ミサ 日曜7:00
拝観 要連絡(施錠) 一般 ミサ・結婚
交通 JR佐世保駅→車20分

P.48掲載

俵町《たわらまち》教会 主任教会
保護 聖母の汚れなきみ心

〒857-0016 佐世保市俵町22-12 Tel.0956-22-4285 Fax.0956-22-4447
献堂 1994.12.23島本大司教 祝別
ミサ 日曜9:00・土曜19:30
交通 松浦鉄道:北佐世保駅下車→徒歩5分／市営バス:俵町下車→徒歩3分

P.48掲載

烏帽子《えぼし》教会 巡回教会
保護 平和の元后

〒857-0001 佐世保市烏帽子町138
献堂 1963.5.12山口大司教 祝別／1997.4.13増改築
ミサ 土曜18:00(第1、第3)
交通 JR佐世保駅→車20分

P.48掲載

大野《おおの》教会 主任教会
保護 聖ヨハネ絹屋

〒857-0131 佐世保市大野町10-1 Tel./0956-49-3608 Fax.0956-59-7074
献堂 1982.5.5松永久次郎司教 祝別 ミサ 日曜9:00・土曜18:30・平日6:30
拝観 常時可能 一般 ミサ・結婚 駐車 有 交通 松浦鉄道:左石駅下車→徒歩5分
市営バス:瀬戸越下車→徒歩5分／西肥バス:大野中学校下車→徒歩1分

P.49掲載

皆瀬《かいぜ》教会 巡回教会
保護 日本の聖母

〒857-0144 佐世保市皆瀬町363 Tel.0956-49-2602 Fax. 0956-59-7074
献堂 1957.5.3山口司教 祝別 ミサ 日曜7:00(10～3月は7:30)
拝観 日曜7:00～8:30・金曜17:00～18:30 一般 ミサ・結婚 駐車 有
交通 松浦鉄道:皆瀬駅下車→徒歩5分／西肥バス:皆瀬駅下車→徒歩5分

P.49掲載

相浦《あいのうら》教会 主任教会
保護 聖ヨゼフ

〒858-0926 佐世保市大潟町1022 Tel.0956-47-2442 Fax.0956-47-2494
献堂 1960.5.22山口大司教 祝別 ミサ 日曜6:30/9:00・土曜18:30・平日6:30
拝観 日曜7:00～8:30・土曜17:00～18:30 一般 ミサ・結婚
交通 JR佐世保駅→車20分

P.49掲載

浅子《あさご》教会 主任教会
保護 聖母の汚れなきみ心

〒857-0431 佐世保市浅子町232-4 Tel.0956-68-2583 Fax.0956-68-2893
献堂 1928.12.1早坂司教 祝別 ミサ 日曜6:00/9:00・平日6:00
拝観 9:00～18:00(要予約) 一般 不可
交通 JR佐世保駅→車30分

P.47掲載

横浦《よこうら》教会 巡回教会

〒857-0403 佐世保市小佐々町臼ノ浦横浦149-7
献堂 1988.12.30完成・翌元旦 祝別 ミサ 土曜18:30
拝観 原則不可 一般 不可
交通 JR佐世保駅→車30分

P.49掲載

略一覧 保護 教会の保護者 献堂 献堂式 ミサ ミサの開始時間 拝観 一般観光客の拝観 一般 一般観光客参加可能のミサ、結婚式 駐車 駐車場 交通 交通アクセス

(凡例)【要連絡】拝観できる日を確認(巡回教会の場合、主任教会に連絡を)【常時可能】常識の範囲での時間帯で拝観を【ミサ】ミサ出席は歓迎する【結婚】結婚式は行える
【条件】条件付で行える【行事以外】ミサ・教会学校など教会行事のときは拝観をさけてほしい ※所要時間は目安です。実際とは異なることがあります
【主任教会】神父が常駐し、巡回を担当する教会【巡回教会】神父が巡回してくる教会

黒島《くろしま》教会 主任教会
◎世界文化遺産・国指定重要文化財
保護 イエスのみ心

〒857-3271 佐世保市黒島町3333 Tel.0956-56-2017 Fax.0956-56-2019
献堂 1902.6.10クザン司教祝別 ミサ 日曜7:00(11月～3月は8:00)・土曜18:00・平日6:00
拝観 常時可能 一般 ミサ
交通 黒島旅客船:相浦港→船50分／黒島白馬港→徒歩30分

P.44掲載

太田尾《おおだお》教会 主任教会
保護 王であるキリスト

〒857-2427 西海市大島町4522 Tel.0959-34-2341 Fax.0959-34-2391
献堂 1929.11早坂司教祝別 ミサ 第2/4日曜8:00・第1/3/5土曜18:30・平日6:00
拝観 常時可能 一般 ミサ 駐車 有(道狭い)
交通 太田和港→大島大橋→車10分

P.45掲載

間瀬《まぜ》教会 巡回教会
保護 聖ルドビコ茨木

〒857-2413 西海市大島町1420-3
献堂 1957.12.1山頭源太郎師祝別 ミサ 第1/3/5日曜8:00・第2/4土曜18:30・平日6:00
拝観 常時可能(施錠) 一般 ミサ 駐車 有
交通 太田和港→大島大橋→車3分

P.50掲載

神崎《こうざき》教会 主任教会
保護 聖ベネディクト

〒857-0414 佐世保市小佐々町矢岳87-4 Tel.0956-69-2603 Fax.0956-69-2605
献堂 2004.4.2高見大司教祝別
ミサ 日曜6:00/9:00・土曜17:30(夏は18:00)・平日6:00
交通 JR佐世保駅前→車35分

P.50掲載

褥崎《しとねざき》教会 主任教会
保護 聖ペトロ

〒859-6206 佐世保市鹿町町長串1089 Tel.0956-77-4443 Fax.0956-77-4672
献堂 1967.10.18山口大司教祝別・1990.5.10増改築 ミサ 日曜6:00/8:30・平日6:00
拝観 6:30～17:00(要予約) 一般 ミサ・結婚
交通 JR佐世保駅→車45分

P.50掲載

大加勢《おおかせ》教会 巡回教会
保護 イエスのみ心

〒859-6206 佐世保市鹿町町長串4-5
献堂 1991.2.8島本大司教祝別 ミサ 土曜19:00
拝観 要連絡 一般 ミサ・結婚
交通 JR佐世保駅→車50分

P.50掲載

大崎《おおさき》教会 主任教会
保護 聖ヨゼフ

〒858-0926 佐世保市大潟町483 Tel.0956-47-6188 Fax.0956-47-6220
献堂 1973.7.22里脇大司教祝別 ミサ 日曜8:00・土曜19:00・平日6:30(火曜18:00)
拝観 常時可能 一般 ミサ・結婚
交通 JR佐世保駅→車30分

P.51掲載

天神《てんじん》教会 主任教会
保護 聖ヨゼフ

〒857-1175 佐世保市天神町1303 Tel.0956-31-4705 Fax.0956-31-4707
献堂 1986.1.15里脇枢機卿祝別 ミサ 日曜9:00・土曜19:00・平日6:00
拝観 常時可能 駐車 有
交通 市営バス(大宮天神循環/大黒天神循環):汐入下車→徒歩1分／JR佐世保駅→車10分

P.51掲載

早岐《はいき》教会 主任教会
保護 聖パウロ

〒859-3215 佐世保市早岐2-23-6 Tel.0956-38-2293 Fax.0956-38-4734
献堂 1970.3.21山口大司教祝別 ミサ 日曜9:30・土曜19:00・平日6:00(水曜除く)
拝観 要連絡 一般 ミサ・条件 駐車 有(15台)
交通 JR早岐駅→徒歩10分

P.51掲載

川棚《かわたな》教会 巡回教会
保護 聖ルドビコ茨木

〒859-3607 東彼杵郡川棚町城山38
献堂 1966.8.10山口大司教祝別 ミサ 日曜7:00
拝観 要予絡 一般 ミサ
交通 JR川棚駅→徒歩5分

P.51掲載

佐々《さざ》教会 主任教会
保護 聖家族

〒857-0353 北松浦郡佐々町沖田免1-1 Tel.0956-59-5559 Fax.0956-59-5560
献堂 2014.5.31高見大司教祝別 ミサ 10:30・土曜18:30
交通 松浦鉄道小浦駅徒歩

P.60掲載

平戸・北松地区

平戸《ひらど》ザビエル記念教会 主任教会
保護 大天使聖ミカエル

〒859-5152 平戸市鏡川町259-1 Tel.0950-22-2442 Fax.0950-29-9800
献堂 1931.4早坂司教祝別 ミサ 日曜6:00/8:30・土曜18:30(奇数週のみ)・平日6:00
拝観 6:00～18:00(柵外) 一般 ミサ・結婚
交通 平戸大橋下車→徒歩10分

P.54掲載

古江《ふるえ》教会 巡回教会
保護 大天使聖ミカエル

〒859-5145 平戸市古江町大瀬
献堂 1990.12.21島本大司教祝別 ミサ 第2/4土曜18:30
拝観 非公開
交通 平戸大橋→車15分

P.58掲載

上神崎《かみこうざき》教会 主任教会
保護 聖フランシスコ・ザビエル

〒859-5102 平戸市大久保町220 Tel./Fax.0950-22-3340
献堂 1969.7.14里脇大司教祝別 ミサ 日曜6:00/8:30・平日6:00
拝観 常時可能 一般 ミサ・結婚
交通 平戸大橋→車10分

P.58掲載

宝亀《ほうき》教会 主任教会
◎県指定有形文化財
保護 聖ヨゼフ
〒859-5366 平戸市宝亀町1170 Tel./Fax.0950-28-0324
P.53掲載
献堂 1898.1.19クザン司教祝別 ミサ 日曜8:30
拝観 6:00～17:00頃 一般 ミサ・結婚
交通 平戸大橋→車20分

山野《やまの》教会 巡回教会
保護 洗礼者聖ヨハネ
〒859-5142 平戸市主師町山野
P.55掲載
献堂 1924落成 ミサ 第1/3日曜6:00・第2/4土曜18:30(第5は宝亀教会に問合せ)・火曜18:30
拝観 常時可能(各自開閉) 一般 ミサ
交通 平戸大橋→車30分

中野《なかの》教会 巡回教会
保護 無原罪の聖母
〒859-5141 平戸市山中町390
P.58掲載
献堂 1952.3.10山口司教祝別 ミサ 第2/4日曜6:00・第1/3土曜18:00(第5は宝亀教会に問合せ)・金曜18:30
拝観 常時可能(一ヶ所開く) 一般 ミサ
交通 平戸大橋→車20分

田平《たびら》教会 主任教会
◎国指定重要文化財
保護 日本二十六聖人殉教者
〒859-4824 平戸市田平町小手田免19 Tel.0950-57-0993 Fax.0950-57-3771
P.52掲載
献堂 1918.5.14コンバス司教祝別 ミサ 日曜6:00(第1なし)/9:00・土曜19:00・平日6:00
拝観 6:30～18:00(毎週水曜除く) 一般 ミサ・結婚
駐車 有 交通 平戸大橋→車10分

紐差《ひもさし》教会 主任教会
保護 十字架称賛
〒859-5361 平戸市紐差町1039 Tel./Fax.0950-28-0168
P.56掲載
献堂 1929.12.3早坂司教祝別 ミサ 日曜9:00・土曜19:00・平日6:00
拝観 常時可能 一般 ミサ・結婚
交通 平戸大橋→車30分

大佐志《おおさし》教会 巡回教会
保護 無原罪の聖母
〒859-5515 平戸市鮎川町字四釜3-40
P.58掲載
献堂 1994.12.20島本大司教祝別 ミサ 日曜6:30
拝観 要予約 一般 ミサ・結婚
交通 平戸大橋→車50分

木ヶ津《きがつ》教会 巡回教会
保護 聖マリアの汚れなき聖心
〒859-5362 平戸市木ヶ津町577
P.59掲載
献堂 1962.10.11今村悦夫師祝別 ミサ 土曜17:30
拝観 常時可能 一般 ミサ・結婚
交通 紐差→車5分

西木場《にしこば》教会 主任教会
保護 聖フランシスコ・ザビエル
〒859-4765 松浦市御厨町米ノ山免206 Tel./Fax.0956-75-0688
P.59掲載
献堂 1949.7.19山口司教祝別
ミサ 日曜8:30
交通 松浦鉄道：田平駅/御厨駅→徒歩30分

御厨《みくりや》教会 巡回教会
保護 洗礼者聖ヨハネ
〒859-4752 松浦市御厨町里免長峰126
P.59掲載
献堂 1958.3.19山口司教祝別
ミサ 土曜18:30
交通 松浦鉄道：御厨駅→徒歩5分

福崎《ふくざき》教会 巡回教会
保護 被昇天の聖母
〒859-4802 平戸市田平町福崎免990
P.59掲載
献堂 1985.10.8松永司教祝別
ミサ 日曜7:00
交通 松浦鉄道：中田平駅→徒歩10分

平戸口《ひらどぐち》教会 主任教会
保護 聖母のみ心
〒859-4825 平戸市田平町山ノ内免471-3 Tel./Fax.0950-57-1922
P.60掲載
献堂 1952.2.28山口司教祝別 ミサ 日曜7:00(第1は9:00)・平日6:00
拝観 常時可能 一般 ミサ
交通 松浦鉄道：平戸口駅→徒歩10分

山田《やまだ》教会 主任教会
保護 七つの悲しみの聖母
〒859-5704 平戸市生月町山田免440-2 Tel.0950-53-0832 Fax.0950-53-0888
P.57掲載
献堂 1912コンバス司教祝別 ミサ 日曜7:00（奇数週）、土曜19:30（偶数週）
拝観 6:00～18:00 一般 ミサ・結婚
交通 生月大橋→車5分 ※壱部教会と山田教会は主任と巡回を隔週で交替

壱部《いちぶ》教会 巡回教会
保護 絶えざる御助けの聖母
〒859-5701 平戸市生月町壱部4808-1
P.60掲載
献堂 1964.8.3山口大司教祝別 ミサ 日曜7:00（偶数週）、土曜19:00（奇数週）
拝観 要予約 一般 ミサ・結婚
交通 生月大橋→車20分

略一覧 保護 教会の保護者 献堂 献堂式 ミサ ミサの開始時間 拝観 一般観光客の拝観 一般 一般観光客参加可能のミサ、結婚式 駐車 駐車場 交通 交通アクセス
（凡例）【要連絡】拝観できる日を確認(巡回教会の場合、主任教会に連絡を)【常時可能】常識の範囲での時間帯で拝観を【ミサ】ミサ出席は歓迎する【結婚】結婚式は行える
【条件】条件付で行える【行事以外】ミサ・教会学校など教会行事のときは拝観をさけてほしい ※所要時間は目安です。実際とは異なることがあります
【主任教会】神父が常駐し、巡回を担当する教会【巡回教会】神父が巡回してくる教会

上五島地区

◎国指定重要文化財

青砂ヶ浦《あおさがうら》教会 主任教会
保護 大天使聖ミカエル

〒857-4402 南松浦郡新上五島町奈摩郷1241 Tel.0959-52-8011 P.64掲載
献堂 1910.10.17ペルー師祝別 ミサ 日曜9:00（第2は7:00）・土曜18:00・平日6:00
拝観 8:00〜17:30 一般 ミサ 駐車 有(20台)
交通 榎津港→車15分/奈良尾港→車50分／青方→車10分

冷水《ひやみず》教会 巡回教会
保護 聖ヨゼフ

〒857-4401 南松浦郡新上五島町網上郷623-2 P.69掲載
献堂 1907.5.29クザン司教祝別・2001改修 ミサ 日曜7:00（第2は9:00）
拝観 8:00〜17:30 一般 ミサ 駐車 無
交通 榎津港→車20分/奈良尾港→車50分／青方→車10分

丸尾《まるお》教会 主任教会
保護 王であるキリスト

〒857-4513 南松浦郡新上五島町丸尾郷940 Tel.0959-54-1700 Fax.0959-54-1701 P.74掲載
献堂 1972.9.22里脇大司教祝別 ミサ 日曜7:00・土曜18:00（第1、3）
駐車 有(10台)
交通 青方→車10分

仲知《ちゅうち》教会 主任教会
保護 聖ヨハネ五島

〒857-4604 南松浦郡新上五島町津和崎郷991 Tel.0959-55-8037 P.74掲載
献堂 1978.12.14里脇大司教祝別 ミサ 日曜8:00・平日6:00
拝観 常時可能 一般 ミサ 駐車 無
交通 青方→車50分

米山《こめやま》教会 巡回教会
保護 聖アンドレア

〒857-4604 南松浦郡新上五島町津和崎郷589-14 P.75掲載
献堂 1977.11.25里脇大司教祝別 ミサ 第1/3/5土曜17:30・第2/4土曜
拝観 常時可能 一般 ミサ 駐車 無
交通 青方→車60分

江袋《えぶくろ》教会 巡回教会
保護 イエズスのみ心

〒857-4602 南松浦郡新上五島町曽根郷字浜口195-2 P.67掲載
献堂 1882建立・1883祝別 ミサ 土曜18:40（第2、4は17:30）
一般 ミサ 駐車 無 交通 青方→車45分

赤波江《あかばえ》教会 巡回教会
保護 聖ヨゼフ

〒857-4603 南松浦郡新上五島町立串郷字谷ノ坂子1899 P.75掲載
献堂 1971.11.14里脇大司教祝別 ミサ 第2/4日曜9:30
拝観 常時可能 一般 ミサ 駐車 無
交通 青方→車50分

小値賀《おぢか》教会 巡回教会
保護 聖フランシスコ・ザベリオ

〒857-4701 北松浦郡小値賀町笛吹郷字段地2679-1 P.75掲載
献堂 1966船森より司祭館移築 ミサ 要問合せ
交通 小値賀港→徒歩20分／小値賀港→車5分

◎世界文化遺産・県指定有形文化財

野首《のくび》教会
保護 聖フランシスコ・ザベリオ

〒857-4709 北松浦郡小値賀町野崎郷野首 P.66掲載
献堂 1908.10.25クザン司教祝別
ミサ 要予約(おぢかアイランドツーリズム協会)（Tel.0959-56-2646）
交通 町営渡船「はまゆう」:小値賀港(笛吹港)→〈25分〉野崎港→徒歩20分

青方《あおかた》教会 主任教会
保護 聖家族

〒857-4404 南松浦郡新上五島町青方郷511-1 Tel.0959-52-8490 Fax.0959-52-8505 P.76掲載
献堂 2000.8.22島本大司教祝別(上五島地区センター併設として)
ミサ 日曜8:30・第2/4土曜18:00(第2、第4週) 拝観 常時可能
一般 ミサ・結婚 駐車 有(12台) 交通 青方港→車5分

大曽《おおそ》教会 主任教会
保護 イエスの聖心

〒857-4404 南松浦郡新上五島町青方郷2151-2 Tel. P.71掲載
献堂 1916.8.6コンパス司教祝別 ミサ 日曜9:00（奇数）土曜18:00（第2、4週）
拝観 常時可能 一般 ミサ・結婚 駐車 有(3台)
交通 青方→徒歩30分／西肥バス:青方→〈10分〉大曽公民館前下車→徒歩5分／タクシー:青方→車5分

跡次《あとつぎ》教会 巡回教会
保護 海の星の聖母

〒857-4413 南松浦郡新上五島町三日ノ浦郷跡次 P.75掲載
献堂 1984.12.20里脇枢機卿祝別 ミサ 第2/4日曜7:00・第1/3/5土曜18:00
拝観 常時可能 一般 ミサ・結婚 駐車 有(20台)
交通 青方→徒歩30分／車5分

曽根《そね》教会 主任教会
保護 無原罪の聖母

〒857-4601 南松浦郡新上五島町小串郷1028 Tel./Fax.0959-55-2128 P.76掲載
献堂 1967.1.19山口大司教祝別 ミサ 日曜8:00・土曜18:30・平日6:00
拝観 常時可能 一般 結婚
交通 有川港→車30分

大水《おおみず》教会 巡回教会
保護 聖ミカエル

〒857-4602 南松浦郡新上五島町曽根郷大水 P.76掲載
献堂 1985.12.5里脇枢機卿祝別 ミサ 第2/4日曜10:00
拝観 常時可能 一般 結婚 交通 有(5〜6台)
交通 有川港→車40分

小瀬良《こぜら》教会 巡回教会
保護 聖ヨゼフ

〒857-4603 南松浦郡新上五島町立串郷小瀬良 P.77掲載
献堂 1951.4献堂 ミサ 第3/5日曜10:00
ミサ 常時可能 一般 結婚 交通 有
交通 有川港→車40分

鯛ノ浦《たいのうら》教会 主任教会
P.68掲載
保護 聖家族
〒853-3321 南松浦郡新上五島町鯛の浦326 Tel./Fax.0959-42-0221
献堂 1979.3.14里脇大司教祝別・旧聖堂:1903.4.19クザン司教祝別
ミサ 日曜8:00・土曜19:30 拝観 要予約 一般 ミサ 駐車 有(20台)
交通 鯛の浦港→車3分/有川港→車10分/奈良尾港→車50分

船隠《ふながくし》教会 巡回教会
P.77掲載
保護 ロザリオの聖母
〒853-3323 南松浦郡新上五島町東神の浦郷船隠48-11 Tel.0959-42-2370
献堂 1956.11.27山口愛次郎大司教祝別 ミサ 第2/4土曜16:30
拝観 要予約 一般 ミサ 駐車 有(5台)
交通 有川港→車35分

佐野原《さのはら》教会 巡回教会
P.77掲載
保護 聖ペトロ
〒853-3323 南松浦郡新上五島町東神の浦郷佐の原
献堂 1963.9.30山口愛次郎司教祝別 ミサ 第1/3土曜16:30
拝観 無
交通 有川港→車35分

頭ヶ島《かしらがしま》教会 巡回教会
◎世界文化遺産・国指定重要文化財
P.65掲載
保護 聖ヨゼフ
〒857-4102 南松浦郡新上五島町友住郷頭ケ島638
献堂 1919.5.14コンパス司教祝別 ミサ 第2/4日曜16:00
拝観 要予約 一般 ミサ 駐車 有
交通 有川港→車20分

浜串《はまくし》教会 主任教会
P.77掲載
保護 聖マリア・マグダレナ
〒853-3102 南松浦郡新上五島町岩瀬浦郷724 Tel.0959-45-3032 Fax.0959-45-3052
献堂 1966.7.4山口大司教祝別 ミサ 日曜7:00
拝観 常時可能 一般 ミサ 駐車 無
交通 奈良尾港→車25分

福見《ふくみ》教会 巡回教会
P.70掲載
保護 聖フランシスコ・ザビエル
〒853-3102 南松浦郡新上五島町岩瀬浦郷福見
献堂 1913.4.29コンパス司教祝別 ミサ 日曜9:00・月/金6:00・木曜17:30
拝観 常時可能 一般 ミサ 駐車 有(10台)
交通 奈良尾港→車10分

高井旅《たかいたび》教会 巡回教会
P.78掲載
保護 無原罪の聖母
〒853-3101 南松浦郡新上五島町奈良尾郷高井旅(冬)18:00(夏)
献堂 1961.6.4山口愛次郎司教祝別 ミサ 土曜17:00
拝観 常時可能 一般 ミサ 駐車 無
交通 奈良尾港→車10分

桐《きり》教会 主任教会
P.78掲載
保護 聖ペトロ
〒853-2302 南松浦郡新上五島町桐古里郷357-4 Tel./Fax.0959-44-0006
献堂 1958.8.29山口大司教祝別 ミサ 日曜9:00(最終週は7:00)・平日6:00
拝観 常時可能 一般 ミサ 駐車 有(20台)
交通 奈良尾港→車10分

中ノ浦《なかのうら》教会 巡回教会
P.72掲載
保護 おとめ聖マリア
〒853-2303 南松浦郡新上五島町宿ノ浦郷中ノ浦
献堂 1925.8大崎八重師祝別 ミサ 日曜7:00(最終は9:00)
拝観 常時可能 一般 ミサ 駐車 有(10台)
交通 奈良尾港→車20分

若松大浦《わかまつおおうら》教会 巡回教会
P.78掲載
保護 イエスのみ心
〒853-2303 南松浦郡新上五島町宿ノ浦郷大浦
献堂 昭和20年代民家を買って聖堂とする・1990.5.10増改築 ミサ 隔週土曜18:00
拝観 常時可能 一般 ミサ 駐車 有(5台)
交通 奈良尾港→車20分

真手ノ浦《まてのうら》教会 主任教会
P.78掲載
保護 聖ヨゼフ
〒857-4413 南松浦郡新上五島町今里郷495-2 Tel./Fax.0959-52-3721
献堂 1956.3.19山口司教祝別 ミサ 土曜19:30・日曜9:00
拝観 要連絡 一般 ミサ
交通 奈良尾港→車30分/青方→車10分

焼崎《やきざき》教会 巡回教会
P.79掲載
保護 聖アンナ
〒857-4414 南松浦郡新上五島町飯ノ瀬戸郷焼崎 Tel.0959-52-2952
献堂 1969.11.24里脇大司教祝別 ミサ 日曜7:00
拝観 要連絡 一般 要連絡
交通 青方→車25分

猪ノ浦《いのうら》教会 巡回教会
P.79掲載
保護 聖イシドロ
〒857-4415 南松浦郡新上五島町続浜ノ浦郷猪ノ浦805
献堂 1989.1.16里脇枢機卿祝別 ミサ 土曜18:00・平日19:00
拝観 要連絡 一般 要連絡
交通 青方→車20分

土井ノ浦《どいのうら》教会 主任教会
P.73掲載
保護 イエズスのみ心
〒853-2301 南松浦郡新上五島町若松郷853 Tel./Fax.0959-46-2126
献堂 1918.3.9コンパス司教祝別 ミサ 日曜9:00
駐車 有(10台)
交通 土井の浦港→徒歩3分

略一覧 保護 教会の保護者 献堂 献堂式 ミサ ミサの開始時間 拝観 一般観光客の拝観 一般 一般観光客参加可能のミサ、結婚式 駐車 駐車場 交通 交通アクセス

(凡例)【要連絡】拝観できる日を確認(巡回教会の場合、主任教会に連絡を)【常時可能】常識の範囲での時間帯で拝観を【ミサ】ミサ出席は歓迎する【結婚】結婚式は行える【条件】条件付で行える【行事以外】ミサ・教会学校など教会行事のときは拝観をさけてほしい ※所要時間は目安です。実際とは異なることがあります
【主任教会】神父が常駐し、巡回を担当する教会【巡回教会】神父が巡回してくる教会

有福《ありふく》教会 巡回教会
保護 聖フランシスコ・ザビエル

〒853-2313 南松浦郡新上五島町有福郷 Tel.0959-46-3307
献堂 1927.2.22大崎八重師祝別 ミサ 日曜7:00または土曜16:00
駐車 無(路駐)
交通 若松港→車20分

P.79掲載

大平《おおびら》教会 巡回教会
保護 被昇天の聖母

〒853-2311 南松浦郡上五島町西神ノ浦郷大平 Tel.0959-46-2303
献堂 1958.4.23山口司教祝別 ミサ 日曜7:00または土曜16:00
駐車 無(路駐)
交通 奈良尾港→車30分

P.79掲載

下五島地区

福江《ふくえ》教会 主任教会
保護 イエスのみ心

〒853-0005 五島市末広町3-6 Tel.0959-72-3957 Fax.0959-88-9000
献堂 1962.4.25山口大司教祝別 ミサ 日曜6:00/9:00・土曜19:00・平日6:00
拝観 予約希望 一般 ミサ・結婚 駐車 有(20台)
交通 福江港→徒歩10分／クルマ:福江空港→15分

P.92掲載

浜脇《はまわき》教会 主任教会
保護 イエスのみ心

〒853-2173 五島市田ノ浦263 Tel.0959-77-2061
献堂 1931.5.3早坂司教祝別 ミサ 日曜8:00
拝観 予約希望 一般 ミサ・結婚 駐車 有(20台)
交通 田ノ浦港→徒歩20分、タクシー5分

P.87掲載

五輪《ごりん》教会 巡回教会
保護 聖ヨゼフ

〒853-2172 五島市蕨町五輪
献堂 1985.6.23献堂 ミサ 第4日曜10:00
拝観 常時可能 一般 不可
交通 福江港→海上タクシー20分／田ノ浦港→徒歩80分／田ノ浦港→タクシー20分→徒歩10分

P.86掲載

旧五輪《ごりん》教会
◎世界文化遺産・国指定重要文化財
保護 聖ヨゼフ

〒853-2172 五島市蕨町五輪
献堂 旧聖堂(1881.4.20建立)は1931浜脇から移設
交通 福江港→海上タクシー20分／田ノ浦港→徒歩80分／田ノ浦港→タクシー20分→徒歩10分

牢屋の窄《ろうやのさこ》殉教記念教会 巡回教会
保護 殉教者の元后

〒853-2171 五島市久賀町大開
献堂 1984.6.3里脇大司教祝別 ミサ 第1日曜9:30
拝観 予約希望(施錠) 一般 不可 駐車 無(路駐)
交通 浜脇教会→徒歩35分／田ノ浦港→タクシー10分

P.92掲載

浦頭《うらがしら》教会 主任教会
保護 聖ペトロ・聖パウロ

〒853-0051 五島市平蔵町2716 Tel.0959-73-0072 Fax.0959-73-0105
献堂 1968.5.10山口大司教祝別 ミサ 日曜5:30(第1日曜日はなし)/8:00・平日6:00
拝観 6:00～18:00(要予約) 一般 ミサ・結婚
交通 福江港→車10分

P.92掲載

堂崎《どうざき》教会 巡回教会
◎県指定重要文化財
保護 日本二十六聖殉教者

〒853-0053 五島市奥浦町堂崎2019 Tel.0959-73-0705
献堂 1908.5.10クザン司教祝別 ミサ 第1日曜6:00
拝観 P.84参照 一般 ミサ 駐車 有(50台)
交通 福江港→車15分

P.84掲載

宮原《みやはら》教会 巡回教会
保護 聖ドミニコ

〒853-0054 五島市戸岐町773-2
献堂 1971.7.11野下師祝別 ミサ 第1/3日曜13:00
拝観 要連絡 一般 ミサ 駐車 有(50台)
交通 福江港→車20分

P.93掲載

半泊《はんどまり》教会 巡回教会
保護 聖パトリック

〒853-0054 五島市戸岐町半泊1223
献堂 1922コンパス司教祝別 ミサ 第4日曜13:00
拝観 要連絡 一般 ミサ 駐車 有
交通 福江港→車30分

P.93掲載

奈留《なる》教会 主任教会
保護 聖フランシスコ・ザビエル

〒853-2201 五島市奈留町浦395 Tel./Fax.0959-64-3285
献堂 1961.12.14山口大司教祝別 ミサ 日曜8:30・土曜19:00(第2は18:00)・平日6:00
拝観 常時可能 一般 ミサ・結婚 駐車 有(5台)
交通 奈留港→車5分、徒歩20分

P.93掲載

江上《えがみ》教会 巡回教会
◎世界文化遺産・国指定重要文化財
保護 聖ヨゼフ

〒853-2202 五島市奈留町大串1131 Tel./Fax.0959-64-3777
献堂 1918.3.8コンパス司教祝別 ミサ 15:00(第3)
拝観 要連絡(施錠) 一般 ミサ 駐車 無(路駐)
交通 福江港→海上タクシー30分／奈留港→タクシー20分

P.85掲載

水ノ浦《みずのうら》教会 主任教会
保護 被昇天の聖母

〒853-0701 五島市岐宿町岐宿1643-1 Tel./Fax.0959-82-0103
献堂 1938.5.11山口司教祝別 ミサ 第1/3/5日曜8:30・第2/4日曜6:30・土曜18:00
拝観 7:00～19:00 一般 ミサ・結婚 駐車 有(10台)
交通 福江港→車30分

P.88掲載

楠原《くすはら》教会 巡回教会
保護 聖家族

〒853-0703 五島市岐宿町東楠原
献堂 1913 コンパス司教祝別・1971増改築 ミサ 第1/3/5日曜6:30・第2/4日曜8:30
水曜18:00・金曜5:45 拝観 8:00～17:00 一般 ミサ・結婚 駐車 有(20台))
交通 福江港→車20分
P.89掲載

打折《うちおり》教会 巡回教会
保護 諸聖人

〒853-0702 五島市岐宿町川原打折
献堂 1973.3.22 里脇大司教祝別 ミサ 第1/3日曜10:30
駐車 有(3台)
交通 福江港→車30分
P.94掲載

三井楽《みいらく》教会 主任教会
保護 諸聖人

〒853-0607 五島市三井楽町岳1420 Tel./Fax.0959-84-2099
献堂 1971.9.7 里脇大司教祝別 ミサ 日曜7:30・土曜18:30・平日6:00
拝観 7:00～18:00 一般 ミサ 駐車 有(50台)
交通 福江港→車40分
P.94掲載

貝津《かいつ》教会 主任教会
保護 使徒聖ヨハネ

〒853-0604 五島市三井楽町貝津458 Tel.0959-84-2099
献堂 1924.4.15 建立・1924.8 献堂 ミサ 日曜6:00・土/水6:00
拝観 常時可能 一般 ミサ 駐車 有(20台)
交通 福江港→車40分
P.90掲載

嵯峨島《さがのしま》教会 巡回教会
保護 ロザリオの聖母

〒853-0611 五島市三井楽町嵯峨島
献堂 1918 建立・1918.11.10 祝別 ミサ 第1/3日曜9:30
拝観 要連絡(施錠) 一般 ミサ 駐車 有
交通 嵯峨島汽船：貝津港→〈20分〉嵯峨島桟橋→徒歩5分
P.91掲載

井持浦《いもちうら》教会 主任教会
保護 ルルドの聖母

〒853-0411 五島市玉之浦町玉之浦1243　問い合わせは福江教会Tel.0959-72-3957
献堂 1988.12.18 里脇枢機卿祝別 ミサ 日曜8:30
拝観 9:00～17:00 一般 ミサ 駐車 有(50台)
交通 福江港→車60分
P.94掲載

玉之浦《たまのうら》教会 巡回教会
保護 聖フランシスコ・ザビエル

〒853-0411 五島市玉之浦町玉之浦622-1
献堂 1962 建立・下五島地区長の松下佐吉師祝別 ミサ 無
拝観 要予約(主任教会へ) 一般 ミサ 駐車 無
交通 福江港→車65分
P.95掲載

熊本県天草地区

大江《おおえ》教会 主任教会
保護 お告げの聖母

〒863-2801 熊本県天草市天草町大江1782 Tel./Fax.0969-42-5176
献堂 1933.3.25 ガルニエ神父祝別 ミサ 日曜10:00・土曜19:00(5～10月)18:30
拝観 9:00～17:00(月曜休館) 一般 結婚 駐車 有
交通 九州産交バス(河浦/牛深港行)：本渡バスセンター→一町田中央(富岡港行乗換)→大江天主堂前下車
P.41掲載

崎津《さきつ》教会 主任教会
保護 イエスのみ心

〒863-1204 熊本県天草市河浦町崎津539 Tel./Fax.0969-79-0015
献堂 1934.11.23 ハルブ神父祝別 ミサ 日曜8:00
拝観 9:00～17:00(不定休) 一般 結婚
交通 九州産交バス(河浦/牛深港行)：本渡バスセンター→一町田中央(富岡港行乗換)→教会入口下車
P.41掲載

本渡《ほんど》教会 主任教会
保護 聖パトリック

〒863-0015 熊本県天草市大浜町3-28 Tel./Fax.0969-22-2758
献堂 1984.2.12 平田三郎司教祝別 ミサ 日曜10:00
拝観 常時可能 一般 結婚 駐車 無
交通 九州産交バス：本渡バスセンター(2/3番乗り場)→大浜/東浜下車
P.41掲載

※このデータは2023年4月1日現在のものである。

略一覧 保護 教会の保護者 献堂 献堂式 ミサ ミサの開始時間 拝観 一般観光客の拝観 一般 一般観光客参加可能のミサ、結婚式 駐車 駐車場 交通 交通アクセス
（凡例）【要連絡】拝観できる日を確認(巡回教会の場合、主任教会に連絡を)【常時可能】常識の範囲での時間帯で拝観を【ミサ】ミサ出席は歓迎する【結婚】結婚式は行える
【条件】条件付で行える【行事以外】ミサ・教会学校など教会行事のときは拝観をさけてほしい ※所要時間は目安です。実際とは異なることがあります
【主任教会】神父が常駐し、巡回を担当する教会【巡回教会】神父が巡回してくる教会

CATHOLIC HISTORY

長崎におけるキリスト教史年表

時代			西暦(和暦)	長崎の事項	日本・世界の事項
室町時代			1492年		コロンブスのアメリカ発見
			1498年		ヴァスコ・ダ・ガマ、インドに到達
			1517年		ルターの宗教改革
			1519年		マゼラン世界周航
			1534年		イエズス会創立
			1543年(天文12)		ポルトガル人種子島に上陸
	宣教時代	キリシタン時代	1549年(天文18)		聖フランシシコ・ザビエル鹿児島上陸
			1550年(天文19)	聖フランシシコ・ザビエル平戸を訪問	
			1562年(永禄5)	横瀬浦開港、キリスト教伝道始まる	
			1563年(永禄6)	大村純忠受洗、アルメイダ島原地方に伝道	
			1566年(永禄9)	アルメイダ五島地方に伝道	
			1567年(永禄10)	アルメイダ長崎に伝道、口之津開港	
			1569年(永禄12)	アルメイダ天草に伝道	
安土・桃山時代			1571年(元亀2)	長崎開港	
			1579年(天正7)	ヴァリニャーノ神父口之津に来る	
			1582年(天正10)	少年遣欧使節をローマへ派遣(～1590)	本能寺の変(織田信長没)
			1587年(天正15)		豊臣秀吉がバテレン追放令を発す
			1592年(文禄元)		豊臣秀吉朝鮮出兵を行う(1592～1596)
			1597年(慶長元)	西坂で26聖人殉教(1597年 2月5日)	豊臣秀吉朝鮮出兵を行う(1597～1598)
江戸時代			1600年(慶長5)		関が原の戦い
			1613年(慶長18)		伊達政宗の遣欧使節出発
	追放(殉教)時代		1614年(慶長19)	長崎の16教会のうち9教会破壊	徳川家康禁教令を発布、宣教師国外追放
			1615年(慶長20)		大坂夏の陣
			1617年(元和3)	大村で殉教始まる	
			1619年(元和5)	長崎の教会をすべて破壊	
			1622年(元和8)	元和の大殉教、西坂で宣教師・信徒55名が殉教	五人組制度できる
			1627年(寛永4)	雲仙での殉教始まる	
			1629年(寛永6)	長崎で「絵踏み」始まる	
			1633年(寛永10)	中浦ジュリアン神父殉教	第1次鎖国令
			1634年(寛永11)	トマス西神父殉教。バスチャン暦の起点	第2次鎖国令
			1635年(寛永12)		第3次鎖国令、寺請け制度始まる
			1636年(寛永13)	出島完成	
			1637年(寛永14)	島原の乱起きる(～1638)	
			1639年(寛永16)		宗門人別帳作成
			1641年(寛永18)		オランダ商館出島に移る
			1644年(正保元)	最後の潜伏司祭小西マンショ殉教	

時代			西暦(和暦)	長崎の事項	日本・世界の事項
江戸時代	潜伏時代	潜伏時代	1653年(承応2)		パリ外国宣教会創立
			1657年(明暦3)	大村藩郡村でキリシタン逮捕(郡崩れ)	
			1790年(寛政2)	浦上一番崩れ	
			1797年(寛政9)	大村藩外海地方の潜伏キリシタン五島へ移住	
			1804年(文化元)		天草崩れ
			1823年(文政6)		シーボルト来日
			1856年(安政3)	浦上三番崩れ	
			1858年(安政5)	長崎奉行、絵踏みの中止を宣言	日米修好通商条約締結
			1859年(安政6)		パリ外国宣教会日本に来る
			1862年(文久2)		日本26聖人列聖
	再建時代		1863年(文久3)	プチジャン神父長崎に来る	
明治時代			1865年(元治2)	大浦天主堂献堂式(1865年 2月19日)	
				大浦天主堂で浦上の信徒信仰を表す(信徒発見)(1865年 3月17日)	
			1867年(慶応3)	浦上四番崩れ始まる	日本205殉教者列福
			1868年(慶応4)	ド・ロ神父来崎、五島のキリシタン弾圧始まる	明治政府キリシタン邪宗門を禁制
			1869年(明治2)		第1バチカン公会議開会
			1873年(明治6)	浦上流刑信徒釈放	キリシタン禁制の高札(五榜の掲示)撤去
		復活時代	1877年(明治10)	岩永マキら合宿、十字会となる	
			1880年(明治13)	浦上庄屋屋敷買収、仮聖堂とする	
			1881年(明治14)	十字架山建設(1950公式巡礼地に指定)	
			1889年(明治22)		大日本帝国憲法で信教の自由が保障される
			1895年(明治28)	浦上天主堂建設開始(1914完成)	
大正時代					
昭和時代			1927年(昭和2)	邦人最初の司教として早坂久之助叙階	
			1930年(昭和5)	コルベ神父来崎	
			1931年(昭和6)	長崎純心聖母会創立	
			1945年(昭和20)	原爆により浦上天主堂崩壊	
			1951年(昭和26)	永井隆没	サンフランシスコ講和条約締結
			1959年(昭和34)	浦上教会再建	
			1962年(昭和37)	26聖人殉教記念碑と記念館完成	第2バチカン公会議(～1965)
			1975年(昭和50)	お告げのマリア修道会創立	
			1981年(昭和56)	ローマ教皇ヨハネ・パウロ2世来崎	
			1982年(昭和57)		コルベ神父列聖
			1987年(昭和62)		トマス西と15殉教者列聖
			2008年(平成20)		ペトロ岐部と187殉教者列福
			2018年(平成30)	長崎・天草地方のキリシタン関連施設世界文化遺産登録	
			2019年(平成31)	ローマ教皇フランシスコ来崎	

取材協力

■カトリック大司教区
大司教　髙見三明
■長野　宏樹
■入口　仁志
■峯　百合子
■片岡千鶴子
■日本二十六聖人記念館
■天草観光協会
■聖コルベ記念館
■長崎市教育委員会文化財課
■小値賀町観光協会
■新上五島町役場
■（株）昭和堂
■白浜　忠美

写真撮影・提供（　）内略号

■三沢　博昭（©misawa）
■鈴木　　功（©suzuki）
■小池　徳久（©koike）
■久松　健吾（©hisa）
■犬塚　明子（©inu）
■峰脇　英樹（©minewaki）
■小川内清孝（©inaho）
■峯　百合子（©mine）

参考資料

■『大いなる遺産　長崎の教会』
写真／三沢博昭　解説／川上秀人
■『長崎の教会』
発行／カトリック長崎大司教区司牧企画室
■『いのり・あるく　長崎巡礼マップ』
発行／カトリック長崎大司教区
■『西海の天主堂を訪ねて』
著者／鈴木功
■『長崎のキリシタン学校』
編集・発行／長崎県教育委員会
■『長崎のキリシタン遺跡』
編集／長崎純心大学博物館
■『日本二十六聖人記念館』
監修／結城了悟
■『聖母の騎士2005年2月号・5月号』
発行／聖母の騎士社
■『かくれキリシタン—歴史と民俗—』
著者／片岡弥吉
■『長崎県の文化財』
編集／長崎県教育委員会
■『原爆遺構　長崎の記憶』
編集／長崎の原爆遺構を記録する会
■『コルベ神父—アウシュヴィッツの死—』
著者／ダイアナ・デュア　訳／山本浩
■『長崎文化百選（インターネット版）』
編集／長崎県　文化振興室
■『新カトリック大事典』1〜4巻
編集／新カトリック大辞典編纂委員会 研究社
■『岩波キリスト教辞典』
編集／大貫隆他　岩波書店
■仲知教会ホームページ

Nagasaki Heritage Guide Map
長崎游学マップ❷

長崎・天草の
教会と巡礼地完全ガイド

カトリック長崎大司教区監修　長崎文献社編

発行日
初版　2005年9月1日　第2刷　2006年5月20日　第3刷　2008年10月1日
第4刷　2010年11月30日　第5刷　2012年10月15日　第6刷　2014年6月20日
第7刷　2017年9月20日　第8刷　2019年4月23日　第9刷　2023年8月10日

監修　カトリック長崎大司教区

編集人　堀 憲昭

発行人　片山 仁志

発行所　株式会社 長崎文献社
〒850-0027長崎市大黒町3-1-5F
TEL.095-823-5247　FAX.095-823-5252
ホームページ http://www.e-bunken.com

構成・文　犬塚明子

表紙イラスト　(有)デザインスタジオM（巻田喜昭）

印刷　株式会社 インテックス

ISBN9784-88851-091-2 C0026

教会へのアクセス情報の一部に更新できていないものが含まれていることをお断りします。
署名原稿筆者の肩書きは初版発行時のものです。

学校法人　*since 1935*

純心女子学園

Nagasaki Junshin Educational Corporation

長崎純心大学 ［男女共学］

Nagasaki Junshin Catholic University

長崎市三ツ山町235番地 Tel:095-846-0084

純心中学校／純心女子高等学校

Junshin Junior High School/Junshin Girls' High School

長崎市文教町13番15号 Tel:095-844-1175

幼保連携型認定こども園

長崎純心大学附属純心幼稚園

University-affiliated Junshin Kindergarten

長崎市文教町13番15号 Tel:095-845-7496

学園標語

マリアさま
いやなことは 私が
よろこんで

江角ヤス 直筆

重いものと軽いものがあれば重い方を、
つらい仕事と楽な仕事があればつらい方を、
聖母マリアの心に倣って、喜んで選ぶ
愛の奉仕の実行者であって欲しいと願う、
初代学園長 江角ヤスの純心教育の心です。

NAGASAKI
NANZAN

設立母体　神言修道会

長崎南山学園は、国際的に活躍している神言修道会が設立母体となり、創立当初より国際的視野に立った教育が行われています。
神言修道会は、1875年にドイツ人アーノルド・ヤンセン神父によってオランダのシュタイル(Steyl)という町に創立されたカトリック宣教修道会です。現在世界70数カ国で働き、教育事業の分野においても、小学・中学・高校、また専門学校や大学を経営しています。来日したのは1907年です。

学園の沿革

1940年、文部省の認可を受けて設立されたカトリック長崎教区経営の東陵学園の運営が1952年神言修道会に移管され、長崎南山学園の創立となりました。
当初は東陵学園があった東山手町で授業を行っていましたが、同年9月に聖地浦上に完成した白亜の新校舎に移転して現在に至っています。
浦上天主堂、平和公園をのぞむ緑豊かな教育環境に恵まれ、カトリックの教育理念に従って誠実で折り目正しい校風の中、70年にわたる伝統を受け継ぎ、進学・部活動・生活面で社会の高い評価を得ています。

WELCOME TO NANZAN!

長崎南山学園はみなさんのご来校をお待ちしています!

個別入試相談会
随時実施します。ご希望の日程をお知らせください。

南山学園は、矢上・古賀方面、三和・戸町方面、琴海・三重方面からスクールバスを運行しています。自宅近くから学校まで直通です。時間も交通費も節約できるスクールバスをぜひ活用してください。

※写真のモデルはすべて本校の生徒・職員です。
※撮影には、徹底したコロナウイルス感染防止対策を行っています。また、使用している写真は2020年以前に撮影されたものも含まれています。

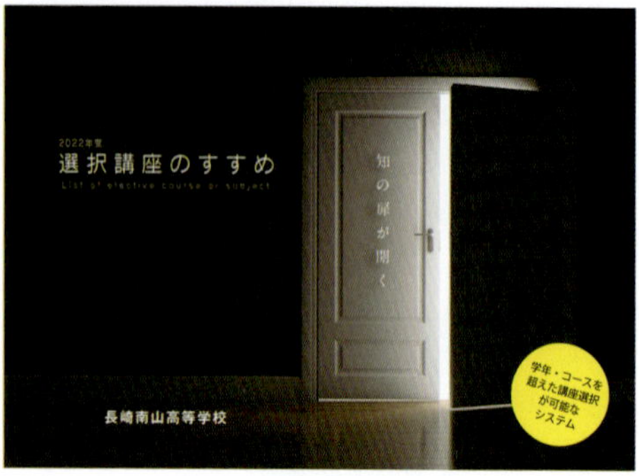

今、“知” の扉が開く

2022年度より、「自主選択講座制」の授業がスタートしました。午後の時間帯(週3日)は、「進路の実現のため」「学力向上を目指して」「学ぶことの楽しさを知るため」と自分の意志に基づいた自由な授業設計ができます。
学年やコースの枠を飛び越えて全45講座が開講されており、必ずや君が求める講座に出会うはずです。「今、“知”の扉が開く」

詳しくは、本校ホームページ、別冊「2022年度　選択講座のすすめ」をご覧下さい。

南山の文字の背後にある十字架は、キリスト教的愛と清貧、それを丸く囲む鎖は一致、世界民族との協力、平和、左右の翼は未来への希望、海外への雄飛をあらわしています。

長崎南山中学校・高等学校
〒852-8544　長崎県長崎市上野町25番1号
TEL.095-844-1572　FAX.095-846-1821
https://www.n-nanzan.ed.jp/

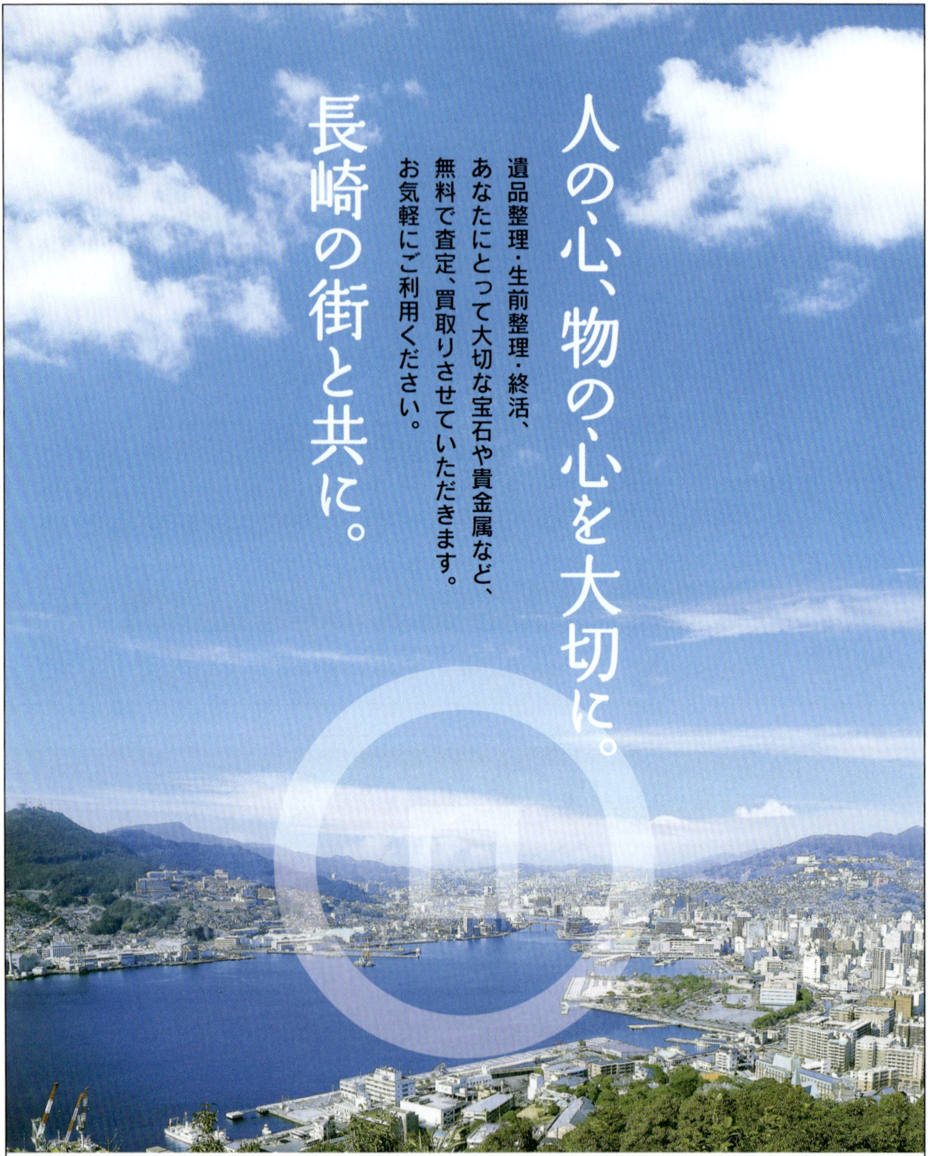
人の心、物の心を大切に。
遺品整理・生前整理・終活、
あなたにとって大切な宝石や貴金属など、
無料で査定、買取りさせていただきます。
お気軽にご利用ください。
長崎の街と共に。
登録商標
長崎駅前
質庫 ぜに屋本店
長崎市大黒町3-15〈駐車場完備〉
☎095-822-1111
金・プラチナ・ブランド品現金買取
ZENIYA
PAWNSHOP SINCE 1948
ぜに屋浜町店
長崎市浜町7-4 NAビル2F
☎095-824-7777
ブランドショップ
REFLET
長崎市浜町7-4 NAビル1F
☎095-822-5001
質値は、あなたに付けて頂きます。
ぜに屋佐世保店
ZENIYA PAWNSHOP
佐世保市常盤町8-8 富士ビル1F
☎0956-24-3330
http://www.zeniyahonten.co.jp

長崎奉行より宮中および
将軍家への献上品であった
天下の珍味中の珍味
長崎名産三百四十有余年の
伝統
御鱲子《からすみ》

高野屋9代目　高野作重　明治末頃

良質の鯔（ぼら）の卵巣を使用し、創業以来守り続けた一子相伝の技を用いた老舗の味をご堪能ください。

長崎と共にからすみ一筋に340有余年

商 登 標 録

創業延宝三年（1675）

たかのや
からすみ
高野屋

〒850-0877　長崎市築町1番16号
（旧県庁坂通り）
☎（095）822-6554
FAX（095）827-8148
0120 フリーダイヤル 0120-556607

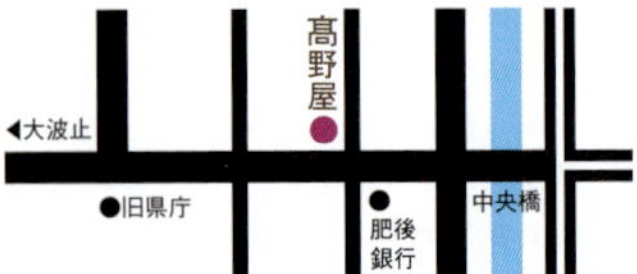